D1718969

**Mosaik**
bei GOLDMANN

# DR. MIRIAM STOPPARD

# Babys erste Wochen

### So bereiten Sie Ihrem Kind einen liebevollen Start ins Leben

Fotografien von
Nancy Durrell McKenna

**Mosaik**
bei GOLDMANN

*Umwelthinweis:*
Alle bedruckten Materialien dieses Taschenbuches
sind chlorfrei und umweltschonend.


Genehmigte und aktualisierte Taschenbuchausgabe Januar 2000
Wilhelm Goldmann Verlag, München
in der Verlagsgruppe Bertelsmann GmbH
© 1990 der deutschsprachigen Ausgabe
Ravensburger Buchverlag Otto Maier GmbH, Ravensburg
© 1989 Dorling Kindersley Ltd., London
Text Copyright © by Miriam Stoppard
Originaltitel: The First Weeks of Life
Umschlaggestaltung: Design Team München
unter Verwendung folgender Fotos:
Umschlag und Umschlaginnenseiten: Look, Rüffler
Aus dem Englischen übertragen von Christine Grunze
Redaktion: Renate Weinberger
Druck: Presse-Druck Augsburg
Verlagsnummer: 16257
Kö · Herstellung/DTP: Martin Strohkendl
Made in Germany
ISBN 3-442-16257-2

1 3 5 7 9 10 8 6 4 2

*Für Oliver, Barnaby,*
*William und Edmund*

# Inhalt

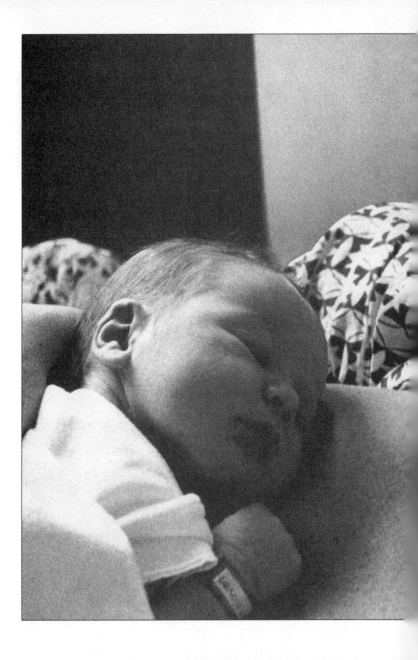

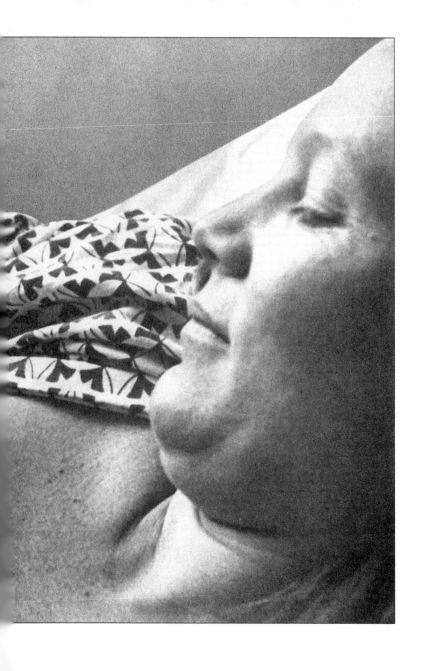

# Vorwort

Ein altes Jesuiten-Sprichwort lautet: »Überlaß mir ein Kind, bis es sieben Jahre alt ist, dann gehört es dir.« Es macht deutlich, daß man die ersten sieben Lebensjahre für diejenigen hielt, in denen ein Mensch am stärksten geprägt wird. Als ich meine Ausbildung als Ärztin beendet hatte, war die Zeitspanne auf drei, dann auf zwei, dann auf ein Jahr gesunken. Sie fiel weiter auf sechs Monate. In dieser Zeit, so glaubte man, hat ein Kind fast alle Grundregeln des menschlichen Sozialverhaltens wie Freundlichkeit, Feindseligkeit, die Regeln des Dialogs usw. gelernt.

Aber mit weiterentwickelten wissenschaftlichen Techniken und durch sorgfältigere Beobachtung stellten Wissenschaftler fest, daß schon fünf oder sechs Wochen alte Babys versuchen, sich durch Lächeln, Winken und »Sprechen« verständlich zu machen.

Und erst vor kurzem haben wir festgestellt, daß Neugeborene das Gesicht der Mutter bereits innerhalb einer Woche erkennen. Noch wichtiger ist es, daß sie schon vierundzwanzig Stunden nach der Geburt eine Verbindung zwischen dem Geruch und dem Aussehen bestimmter Personen, zum Beispiel der Eltern herstellen können. Und obwohl sie die Sehschärfe ihrer Augen noch nicht an verschieden weit entfernte Objekte anpassen können, sehen sie doch schon all das, was zwanzig bis fünfundzwanzig Zentimeter entfernt ist.

Wird mit Babys schon sehr früh gesprochen, vor allem mit einer hohen, melodischen Stimme, so sprechen sie später fließender und lesen früher als diejenigen, denen eine ständige Unterhaltung dieser Art versagt blieb. Lieder und Kinderreime fördern diese Entwicklung. In diesem Zusammenhang ist es interessant, daß auch Vogeljunge, die in den ersten sechs Lebenswochen keinen Gesang hören, niemals singen werden.

Lernen beginnt in der ersten Sekunde nach der Geburt. Der steilste Teil einer Kurve, die das Lernverhalten des Babys anzeigt, liegt in den ersten sechs Wochen ... sechs Tagen ... sechs Stunden ... Wenn wir in den ersten Lebenswochen nicht immer daran denken und bewußt danach handeln, würden wir die Chancen unserer Kinder, sich optimal zu entwickeln, beschneiden, und versagen in einer der wichtigsten Rolle als Eltern: Förderer unserer Kinder.

# Geburtsbericht

Haben Sie im Krankenhaus entbunden? ☐
Oder zu Hause? ☐

Kamen die Wehen spontan ☐
oder wurden sie eingeleitet? ☐

Tag und Zeitpunkt, an dem die Wehen einsetzten
Tag:                    Zeit:

Wo waren Sie?

Wer war bei Ihnen?

Reaktion der Personen?

In welchem Zeitabstand kamen die Wehen zu Beginn?

Wie lange dauerten die einzelnen Wehen?

Wann haben Sie den Arzt gerufen?

Welche Anweisungen wurden Ihnen gegeben?

Wann kamen Sie ins Krankenhaus?

In welchem Abstand kamen zu der Zeit die Wehen?

Wie weit war der Muttermund zu dieser Zeit geöffnet?

Ist die Fruchtblase von allein aufgeplatzt? ☐
Oder wurde sie vom Arzt ☐
oder der Hebamme geöffnet? ☐

Bekamen Sie folgende Medikamente:
☐ Schlafmittel?          ☐ Mittel zum Entspannen der Muskeln?
☐ Schmerzmittel?         ☐ Beruhigungsmittel?
☐ Mittel, um die Wehentätigkeit anzuregen?
☐ Betäubungsmittel?

Wurde Ihnen vorsorglich ein Tropf angelegt?          ☐ ja          ☐ nein

Wurde ein Monitor zur Überwachung
des ungeborenen Babys benutzt?                       ☐ ja          ☐ nein
☐ Innerlich?          ☐ Äußerlich?
Wenn ja, wie lange?

Wie lange dauerten Ihre Wehen?
In der ersten Phase?

In der zweiten Phase?

In der dritten Phase?

In welcher Position haben Sie entbunden?

| ☐ Liegend? | ☐ Sitzend? | ☐ Stehend? |
|---|---|---|

| | | |
|---|---|---|
| Wurde das Baby mit dem Kopf zuerst geboren? | ☐ | |
| Oder in Steißlage? | ☐ | |
| War seine Lage posterior (Gesicht nach oben)? | ☐ | |
| Oder anterior (Gesicht nach unten)? | ☐ | |
| War es eine Zangengeburt? | ☐ ja | ☐ nein |
| Hatten Sie einen Dammschnitt? | ☐ ja | ☐ nein |
| Hatten Sie dabei Schmerzen? | ☐ ja | ☐ nein |
| Eine Naht? | ☐ ja | ☐ nein |
| Hatten Sie einen Kaiserschnitt? | ☐ ja | ☐ nein |
| Wie lange dauerte die Entbindung? | | |
| Brauchte das Baby irgendeine Form von Intensivbehandlung? | ☐ ja | ☐ nein |
| Apgar des Babys bei der Geburt? | | |
| Nach fünf Minuten? | | |
| Wann haben Sie das Baby zum ersten Mal gestillt? | | |
| Hat das Baby gut getrunken? | ☐ ja | ☐ nein |
| Mußten Sie sich an eine bestimmte Zeiteinteilung in der Klinik halten? | ☐ ja | ☐ nein |
| Hatten Sie Rooming-in? (War das Kind bei Ihnen im Zimmer?) | ☐ ja | ☐ nein |
| Wurde der Säugling von Ihnen getrennt? Zu welchem Zeitpunkt? | ☐ ja | ☐ nein |
| Gab es mit dem Baby irgendwelche Schwierigkeiten im Krankenhaus? | ☐ ja | ☐ nein |
| In den ersten zwei Wochen zu Hause? | ☐ ja | ☐ nein |
| Hatte das Kind Gelbsucht? | ☐ ja | ☐ nein |
| Wie wurde sie behandelt? | | |
| Hatten Sie irgendwelche Schwierigkeiten während der Wehen? | ☐ ja | ☐ nein |
| Nach der Geburt? | ☐ ja | ☐ nein |
| Gab es Probleme beim Ausstoßen der Nachgeburt? | ☐ ja | ☐ nein |
| Hatten Sie Blutergüsse, oder bluteten Sie stark nach der Entbindung? | ☐ ja | ☐ nein |
| Hatten Sie im Zusammenhang mit der Entbindung irgendwelche Infektionen? | ☐ ja | ☐ nein |
| Im Zusammenhang mit dem Stillen? | ☐ ja | ☐ nein |
| Wie lange sind Sie im Krankenhaus geblieben? | | |

## Das erste Aussehen des Babys

Junge

Mädchen

Geboren in

Geboren am

Uhrzeit

Gewicht

Länge

Kopfform

Haarfarbe

Geburtsmale

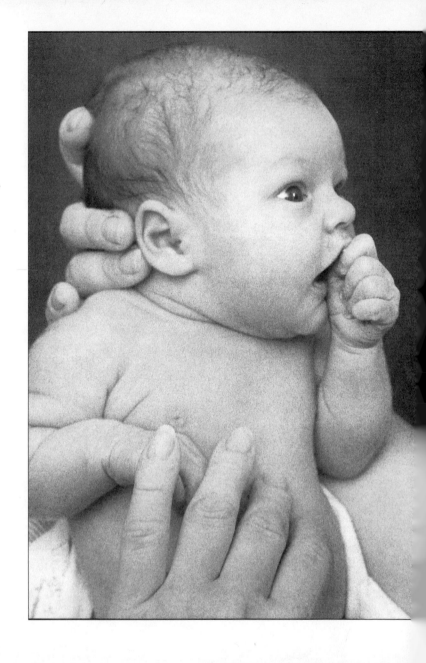

# 1.

## Das Aussehen des Babys

Endlich, nach anstrengenden Wehen, halten Sie Ihr Baby im Arm. Während Sie es zum ersten Mal anschauen – seinen Kopf, seine Haut, den cremigen Überzug der Haut, sein Haar und die winzigen Finger und Zehen –, stellen Sie sich insgeheim die Frage: »Ist alles in Ordnung?«.

Vielleicht haben Sie noch niemals zuvor ein Baby kurz nach der Geburt gesehen, und vielleicht sieht es anders aus, als Sie erwartet haben. Fast alle Neugeborenen sehen etwas merkwürdig aus, aber nur in seltenen Fällen ist das ein Grund zur Beunruhigung. Sehr viele Erscheinungen, die Ihnen seltsam vorkommen oder die Sie verunsichern, hängen mit der körperlichen Unreife des Babys und dem Geburtsvorgang zusammen. Bis sich der Körper des Säuglings an das Leben außerhalb der Gebärmutter angepaßt hat, dauert es eine geraume Zeit – häufig zwei Wochen.

Seien Sie nicht darüber überrascht, daß sich sonst niemand Sorgen zu machen scheint. Die Ärzte, Hebammen und Schwestern, die ja schon sehr viele Neugeborene gesehen haben, sind an deren Aussehen gewöhnt. Aber wenn es irgend etwas gibt, was Ihnen Sorgen macht, zögern Sie nicht, danach zu fragen. Alle Mütter wollen wissen, ob mit ihrem Baby rundum alles in Ordnung ist.

# Geburtsmaße

Im Verlauf der Erstuntersuchung unmittelbar nach der Geburt
(siehe auch U 1, Apgar-Test, Seite 89ff.) wiegt die Hebamme
oder manchmal auch der Arzt das Baby. Dann wird die Länge
des Kindes sowie sein Kopfumfang gemessen. Die Maße dienen als Basis für die Beurteilung des zukünftigen Wachstums
Ihres Babys. Sie lassen sich nicht ohne weiteres mit den Maßen
anderer Säuglinge vergleichen.

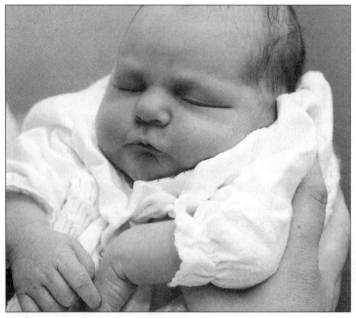

*Der Kopf des Babys ist im Verhältnis zum übrigen Körper ziemlich groß.
Die Kopfhöhe mißt etwa ein Viertel der Gesamtlänge. Durch den Druck
beim Geburtsvorgang können die Augenlider rot und verquollen sein.
Sowohl Rötung als auch Schwellung verschwinden meist nach ein oder
zwei Tagen.*

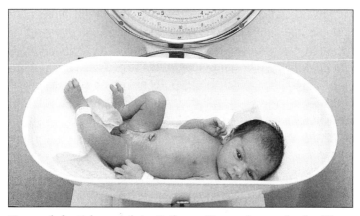

*Kurz nach der Geburt wird eine Reihe von Untersuchungen durchgeführt, um den Allgemeinzustand des Babys zu beurteilen. Dabei wird der Säugling auch gewogen und sein Kopfumfang gemessen. Die Geburtsmaße liefern Anhaltspunkte für die körperliche Reife des Babys.*

**Gewicht:** Das durchschnittliche Gewicht eines Babys beträgt bei der Geburt etwa 3400 g. Es gibt allerdings eine große Variationsbreite, die mit der Verfassung der Mutter während der Schwangerschaft und mit genetischen Faktoren zusammenhängt. Große, kräftige und ältere Mütter sowie Diabetikerinnen bekommen eher größere Kinder. Leiden Schwangere unter bestimmten Krankheiten – wie chronischem Bluthochdruck, Gefäß- oder Nierenerkrankungen oder Präeklampsie beziehungsweise Gestose (differenzierte Krankheitsbilder, die man früher allgemein als Schwangerschaftsvergiftung bezeichnete) –, so hat das Kind wahrscheinlich ein unterdurchschnittliches Geburtsgewicht. Das gleiche gilt, wenn die Mutter während der Schwangerschaft geraucht, Drogen oder zuviel Alkohol zu sich genommen hat. Bei den meisten Babys, die zum errechneten Zeitpunkt geboren werden, liegt das Geburtsgewicht zwischen 2800 und 4000 g. Machen Sie sich keine Gedanken, wenn Ihr Baby zu

den kleineren gehört. Meine Mutter pflegte zu sagen, daß
kleine Babys gesunde Babys sind, was fast immer stimmt. Das
Geburtsgewicht meines zweiten Sohnes betrug 2850 g, und er
ist klüger und gesünder als viele andere.

**Gewichtsverlust:** Während der ersten drei bis fünf Tage nach
der Geburt verliert Ihr Baby in der Regel an Gewicht, weil sein
Körper einige Zeit braucht, um sich an eine regelmäßige Nahrungsaufnahme anzupassen. Der Gewichtsverlust während
dieser Zeit beträgt in der Regel etwa 100 bis 170 g. Aber es
wird noch als normal angesehen, wenn Säuglinge bis zu zehn
Prozent ihres Geburtsgewichts verlieren. Ein oder zwei Tage
hält der Säugling das niedrigere Gewicht, dann erfolgt eine
schrittweise Gewichtszunahme. Als Faustregel gilt: Im Alter
von zwei Wochen sollte das Baby sein Geburtsgewicht wieder
erreicht haben.

**Körpergröße:** Die durchschnittliche Größe eines Säuglings beträgt bei der Geburt 48 bis 54 cm, aber wie beim Gewicht gibt
es auch hierbei viele unbedenkliche Abweichungen nach oben
und unten.

**Kopfgröße:** Der durchschnittliche Kopfumfang beträgt etwa
35 cm. Im Verhältnis zum übrigen Körper ist der Kopf eines
Neugeborenen recht groß. Die Kopfhöhe macht etwa ein Viertel der Gesamtlänge aus (beim Erwachsenen etwa ein Achtel).
Oft scheint der Kopf schief, spitz oder platt zu sein. Diese Verformungen, die beim Passieren des engen Geburtskanals entstanden sind, bilden sich vollständig zurück.

**Brustumfang:** Beim Neugeborenen ist er geringer als sein Kopfumfang. Der Bauch mag im Vergleich zu seinen sehr schmalen
Hüften und seinem Po überraschend groß und vorgewölbt er-

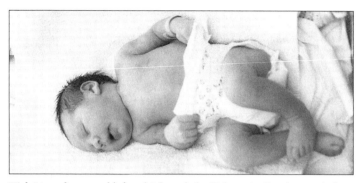

*Viele Neugeborene schlafen gleich nach der Geburt ein. Das kann mit den Medikamenten zusammenhängen, die der Mutter während der Wehen gegeben wurden. Die noch angezogenen Beine wie auch die Arme erscheinen im Verhältnis zur Körperlänge zu kurz. Wegen der Enge hatte das Baby im Mutterleib seine Arme mit geballten Fäustchen und seine wie im Schneidersitz überkreuzten Beine eng an seinen Körper gezogen. Viele Babys behalten nach Geburt diese Position einige Tage lang bei.*

scheinen, was mit der Schwäche seiner Bauchmuskulatur zusammenhängt.

## Käseschmiere

Ein neugeborenes Baby ist mit einer gräulich-weißlich-gelben,
fettigen, käsigen Substanz bedeckt. Das ist die Käseschmiere.
Sie hat die Haut des Babys davor geschützt, sich während der
Zeit in der Gebärmutter mit Fruchtwasser vollzusaugen. Bei
manchen Babys verteilt sich die Käseschmiere über den ganzen
Körper und das Gesicht, während andere sie nur an einigen
Stellen haben.

Mit der Käseschmiere wird in den Kliniken unterschiedlich
umgegangen. In sehr vielen Krankenhäusern beläßt man sie
auf der Haut, weil sie einen natürlichen Schutz gegen Hautin-

fektionen bildet. Seltener wird sie nach der ersten Untersuchung des Babys entfernt.

Wird die Käseschmiere nicht abgewischt, verschwindet sie innerhalb von zwei bis drei Tagen von selbst, indem sie in die Haut einzieht oder abfällt. Achten Sie auf größere Ansammlungen von Käseschmiere in den Hautfalten. Sie sollten weggewischt werden, da sie Hautreizungen hervorrufen können.

## Fontanellen

Fontanellen sind die Lücken zwischen den Schädelknochen, die bei Neugeborenen noch nicht miteinander verbunden sind. Diese unterschiedlich großen Knochenlücken schließen sich nach und nach. Spätestens im zweiten Lebensjahr ist der gesamte Vorgang abgeschlossen. Tatsächlich wird das Hirn bei der Geburt gerade durch die Weichheit des Schädels geschützt. Hinzu kommt, daß es sehr schnelle Druckänderungen im Kopf des Säuglings geben kann, die unverbundene Knochen leichter ausgleichen können.

Der im Verhältnis zum Körper sehr große Kopf schiebt sich normalerweise zuerst durch den Geburtskanal. Die Fontanellen ermöglichen es dem durch sie bedingten weichen Schädel, sich der Enge und den Druckverhältnissen anzupassen, ohne daß das Hirn des Babys geschädigt wird. Die Fontanellen werden durch die Kopfhaut des Säuglings und eine feste Membran geschützt. Möglicherweise fühlen oder sehen Sie, wie die Fontanellen Ihres Babys pulsieren, insbesondere bei der großen Fontanelle, die zwischen Stirn- und Scheitelbein verläuft, kann das der Fall sein.

Zu beachten ist, daß die Fontanellen eingesunken sein können, wenn Ihr Baby an Feuchtigkeitsmangel leidet, oder vorgewölbt, sobald sich der Innendruck des Kopfes erhöht. Sollten

*Nur wenige Neugeborene sehen vollkommen aus. Trockene Hautstellen, unregelmäßige Hautfarbe, Kratzer oder rötlich verquollene Augen sind harmlos und verschwinden nach kurzer Zeit. Die Fingernägel eines Babys können lang und scharf sein. Einige Babys werden mit Kratzern geboren, die noch in der Gebärmutter durch ihre eigenen Nägel verursacht wurden. Manchmal ist der Daumen eines Babys rot und schrumplig, was anzeigt, daß es im Uterus daran genuckelt hat.*

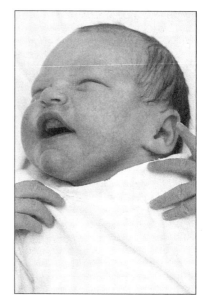

Sie jemals an einer Fontanelle eine Wölbung sehen oder feststellen, daß die Stelle ungewöhnlich eingesunken ist, dann gehen Sie mit Ihrem Baby umgehend zu Ihrem Kinderarzt.

## Hautfarbe

Wir benutzen den Ausdruck »weich wie ein Babypopo«, um etwas sehr Empfindliches, Seidiges und Weiches zu beschreiben. Die Haut eines Neugeborenen ist wirklich zart und leicht zu verletzen. Solange Ihr Baby sich noch in der Gebärmutter befindet, zeigt seine Haut ein fahles Rosa. Bei der Geburt ist die Haut der meisten Babys von rosa-bläulicher oder lila Farbe. Die leicht bläuliche Färbung wird durch den kurzzeitigen Mangel an Sauerstoff bei der Geburt verursacht.

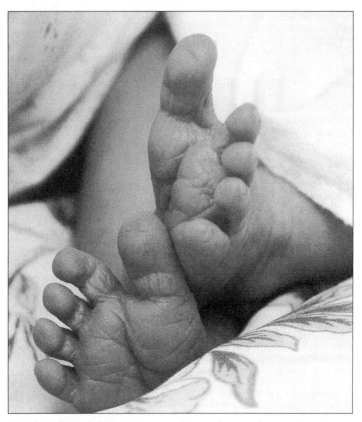

*Manche Babys werden mit einer verschrumpelten, trockenen, schuppigen
Haut geboren, vor allem an den Fußsohlen und Handflächen. Dabei
handelt es sich nur um einen vorübergehenden Zustand, der in ein paar
Tagen verschwunden sein wird.*

Sobald Ihr Baby zu atmen anfängt, ändert sich seine Hautfarbe in Rosa, und zwar in dieser Reihenfolge: Lippen, die
Haut um den Mund herum, Körper, Gesicht. Arme und Beine
ändern die Farbe erst, nachdem der Körper völlig rosa gewor-

den ist. Zuletzt röten sich die Hände und Füße, die einige Minuten oder gelegentlich einige Stunden lang eine fahle bläuliche Farbe behalten.

Es ist normal, wenn die Haut Ihres Babys fleckig aussieht und sich die Farbe sehr schnell ändert. Befühlen Sie Ihr Baby und stellen Sie dabei fest, daß ihm zu heiß oder zu kalt ist, so sollten Sie etwas dagegen unternehmen. Über geringfügige Farbänderungen müssen Sie sich keine Sorgen machen. Sie sind normal.

Manchmal ist die obere Körperhälfte Ihres Babys blaß und die untere Hälfte rot. Dies hängt mit der Unreife seines Blutkreislaufs zusammen, was dazu führt, daß sich Blut in den unteren Gliedmaßen ansammelt. Der Unterschied in der Hautfarbe gibt sich, wenn Sie das Kind bewegen.

## Neugeborenen-Gelbsucht

Die Gelbsucht zeigt sich in einer gelblichen Verfärbung der Haut und des Weißen im Auge. Sie sieht bedrohlich aus, kommt aber sehr häufig vor.

Bei vielen gesunden Neugeborenen tritt um den dritten Lebenstag herum eine mehr oder weniger intensive gelbliche Verfärbung der Haut auf. Bei dieser »physiologischen Neugeborenen-Gelbsucht« handelt es sich um einen natürlichen Vorgang im Körper des Babys. Sie hängt mit seinen roten Blutkörperchen zusammen: Um seine Sauerstoffversorgung im Mutterleib zu gewährleisten, befinden sich im Blut des Babys eine hohe Anzahl roter Blutzellen.

Mit Einsetzen der eigenen Atmung braucht das Baby diese Menge an roten Blutkörperchen nicht mehr, daher wird der überflüssige Anteil nach der Geburt abgebaut. Eines der Endprodukte dieses Abbauprozesses ist ein gelber Farbstoff, das

Bilirubin. Sein Anteil im Blut steigt an und verursacht dadurch die Gelbsucht.

Das meiste Bilirubin wird vor der Geburt über die Plazenta entfernt und im Körper der Mutter abgebaut. Nach der Geburt muß das Baby allein damit fertig werden. Seine Leber hat die Aufgabe, das Bilirubin so zu verarbeiten, daß es ausgeschieden werden kann. Doch das schafft seine Leber bei der Geburt noch nicht ausreichend schnell. Es dauert ein paar Tage, bis die Leber Ihres Babys die nötigen Mechanismen entwickelt hat, um mit dem Farbstoff fertig zu werden. Eine physiologische Neugeborenen-Gelbsucht verschwindet nach ein paar Tagen von selbst, solange das Baby gut trinkt und nicht austrocknet. Gibt es allerdings irgendeine Unverträglichkeit zwischen der Blutgruppe der Mutter und der des Kindes, kann es innerhalb der ersten zwei Tage zu einer ernsthaften Form von Gelbsucht kommen, die unbedingt behandelt werden muß.

## Kopfform

Fast jedes Baby wird mit einem verformten Kopf geboren. Während der ersten Tests wird der Kopf Ihres Babys untersucht und der Grad der Verformung festgestellt. Die Verformung wird durch den sanften Druck der Gebärmutter und der Scheidenwände auf den Kopf des Babys verursacht, wenn es während der Entbindung das Becken passiert. Durch Druck schieben sich die Schädelknochen so zusammen, daß sich der Durchmesser des Kopfes um einen Zentimeter verringern kann, was das ovale, unnormale Aussehen hervorruft. Dabei handelt es sich um ein natürliches Phänomen. Der Kopf Ihres Babys wird innerhalb von vierundzwanzig bis achtundvierzig Stunden nach der Entbindung seine ursprüngliche runde Form wieder annehmen.

*Der Kopf Ihres Babys kann schief, spitz oder flach aussehen, was mit der Verformung des Schädels zusammenhängt, der sich bei der Geburt den Gegebenheiten des Geburtskanals anpassen mußte. Die vier großen Schädelplatten sind nicht miteinander verbunden. Sie können durch den Druck im Geburtskanal zusammengedrückt werden, um es Ihrem Baby zu ermöglichen, durch diesen Engpaß durchzukommen. Es kann bis zu zwei Wochen dauern, bis der Kopf eines Neugeborenen seine normale Form angenommen hat.*

Bei manchen Babys ist der Kopf stärker verformt als bei anderen, wobei der Verformungsgrad in der Regel von der Dauer der Geburt abhängt. Deformierungen kommen häufiger vor, wenn der Geburtsvorgang lang und schwierig verläuft. Sie beschädigen jedoch weder den Kopf noch das Gehirn des Babys.

**Schwellung der Kopfhaut:** Vielleicht bemerken Sie andere ungewöhnliche Dinge am Kopf Ihres Babys, wie zum Beispiel eine Schwellung der Kopfhaut (*Caput succedaneum*). Sie wird dadurch verursacht, daß der Kopf des Babys während der Eröffnungswehen auf den sich erweiternden Gebärmutterhals drückt. Diese Geburtsgeschwulst sitzt auf einer Seite des

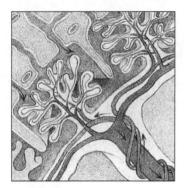

*Die Plazenta ist fest mit der Gebärmutter verwurzelt. Das Blut der Mutter mischt sich nicht mit dem Blut des Kindes. Beide haben getrennte Blutkreisläufe.*

Im Uterus wird das Baby über die Plazenta ernährt. Dieses auch Mutterkuchen genannte Organ ist über die Nabelschnur mit dem Baby verbunden. Sie transportiert das Blut des Fetus zur Plazenta sowie Sauerstoff und Nährstoffe vom Blut der Mutter zum Baby. Das Blut, das durch die Plazenta fließt, bringt die Abfallprodukte des Babys in das Blut der Mutter, die sie ausscheidet.

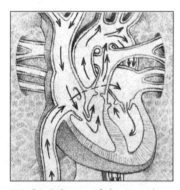

*Vor der Geburt muß das Herz des Fetus nicht nur Blut durch seinen eigenen Körper pumpen, sondern auch durch die Nabelschnur zu der großen Anzahl von Blutgefäßen der Plazenta.*

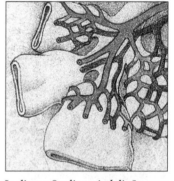

*In diesem Stadium sind die Lungen des Fetus recht fest. Die Luftbläschen sind noch nicht entfaltet. Es wird das Baby einige Stunden großer Anstrengung kosten, bis sich seine Lungen voll ausgedehnt haben.*

Nachdem das Baby geboren ist, wird die Nabelschnur, seine Versorgungsleitung zur Mutter, durchschnitten. Nun muß sich das Neugeborene schnell an die neue Lebensweise außerhalb der Gebärmutter gewöhnen. Große Veränderungen geschehen jetzt mit seinem Herz und seiner Lunge; denn es muß von nun an für seine eigene Sauerstoffversorgung sorgen. Und es muß seine eigene Nahrung verarbeiten, was zu einem Anstieg der Aktivität von Enzymen im Darmbereich führt.

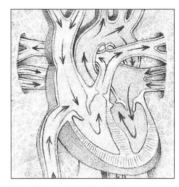

*Das Blut wird nicht länger zur Plazenta gepumpt. Die Klappen der Gefäße, durch deren Funktion der größte Teil des Blutes um die Lungen herumgeführt wurde, haben sich geschlossen, und die Lungen werden nun vollständig mit Blut versorgt.*

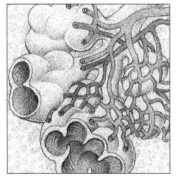

*Der Mangel an Sauerstoff zwingt das Baby, tief einzuatmen. Dabei wird die Brust weit ausgedehnt, so daß Luft in die Lungen gesaugt wird. Hierbei werden die lebensnotwendigen Luftbläschen entfaltet.*

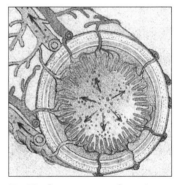

*Das Verdauungssystem hat seit geraumer Zeit auf niedrigem Niveau gearbeitet, aber nun muß Ihr Baby seine gesamte Nahrung selbst aufnehmen, verdauen und verwerten.*

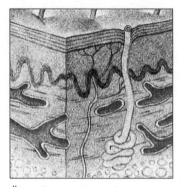

*Überschüssige Wärme kann nur durch Abstrahlung abgegeben werden, indem sich die Blutgefäße nahe der Hautoberfläche erweitern. Die Auskühlung durch Verdunstung beim Schwitzen ist minimal.*

Außerhalb der Gebärmutter muß das Baby jetzt einige neue Funktionen selbst übernehmen, einschließlich der Kontrolle über seine eigene Körpertemperatur, der Infektionsabwehr und der vermehrten Ausscheidung vieler Abfallprodukte. Antikörper der Mutter schützen es einige Wochen lang. Aber bald muß es mit der Bildung seiner eigenen anfangen. Ihr Baby muß auch mit dem riesig angestiegenen Einfluß von Sinneseindrücken durch Ohren, Augen, Nase, Zunge und Haut zu Rande kommen. Um Wissen über die Welt zu gewinnen und allmählich seine eigene Persönlichkeit zu formen, muß es all diese Eindrücke speichern und koordinieren.

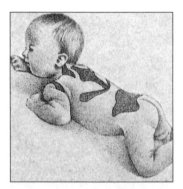

*Weil Babys leicht frösteln, kommt dem gelben Fett eine besondere Bedeutung zu, um die Körpertemperatur zu steigern. Es bildet die Hauptquelle für die Körperwärme.*

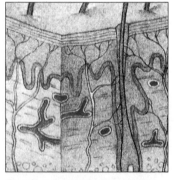

*Die Haut Ihres Babys ist mit Nervenendungen versehen, die Informationen über Berührungen, Schmerz, Temperatur und Druck zu seinem Gehirn senden.*

Kopfes und kann je nach Länge der Wehentätigkeit verschieden groß sein. Sie ist etwas ganz Normales und kein Anzeichen für irgendeine Abnormität. Sie verschwindet langsam in den ersten 12 bis 24 Stunden nach der Geburt.

**Kephalhämatom:** Eine zystenähnliche Schwellung (Kephalhämatom) kann manchmal auf einer Seite des Säuglingskopfes, sehr selten auch auf beiden vorhanden sein. Ein Kephalhämatom ist eigentlich nur ein großer Bluterguß, der sich bildet, wenn ein kleines Blutgefäß geplatzt ist, genauso, wie wenn Sie sich stoßen. Sie wissen, daß blaue Flecken verschiedene Farbveränderungen durchlaufen und vollständig verschwinden, genauso wird es bei Ihrem Baby sein.

Ein Kephalhämatom kann ziemlich groß sein, bis zu vier Zentimeter im Durchmesser, und einen Zentimeter dick. Es begleitet fast immer eine ziemlich schwierige Geburt und wird durch den Druck verursacht, den der Kopf des Babys auf den hinteren Teil des mütterlichen Beckens ausübt. Es bedarf keiner Behandlung. Die Schwellung verliert ihre Größe, wenn das darin enthaltene Blut absorbiert wird, was bis zu sechs Monaten dauern kann.

# Haare

Die Menge an Haaren, die Kopf und Körper bedeckt, variiert bei Neugeborenen sehr stark. Zusätzlich zur schwach ausgeprägten Kopfbehaarung haben einige Babys bei ihrer Geburt Haare auf ihren Schultern und entlang der Wirbelsäule. Diese Behaarung ist ein Rest der feinen Flaumhaare (Lanugo), mit denen der Körper des Fetus im Mutterleib bedeckt war. Sie fallen nach einigen Tagen aus und haben mit der späteren eventuellen Körperbehaarung nichts zu tun.

Sowohl ein dichter Haarschopf als auch eine Glatze bei der
Geburt sind ganz normal. Das Haar fällt in der Regel ziemlich
bald nach der Geburt aus, und dauerhafteres wächst nach. Das
Kopfhaar Ihres Babys zeigt bei der Geburt nicht unbedingt
schon seine spätere Farbe.

## Augen

Die meisten Babys werden mit graublauen Augen geboren,
bzw. der weiße Teil des Neugeborenenauges ist weiß, die Iris
blau, und die Pupille erscheint schwarz. Das hängt damit zusammen, daß bei der Geburt das Melanin, ein natürliches Farb-
pigment des Körpers, in der Regenbogenhaut des Auges noch
fehlt. Säuglinge von dunkelhäutigen Menschen (wie Asiaten
oder Afrikanern) können bei der Geburt braune Augen haben.

**Besonderheiten:** Sehr viele Babys werden wegen des natürlichen
Drucks bei der Geburt mit geschwollenen Augen geboren. Die
Schwellung verschwindet fast immer innerhalb einiger Tage.
Auf den Augenlidern können rote oder lila Flecken sein. Etwa
ein Drittel aller Babys hat epikantische Falten, das sind Hautfalten zwischen den inneren Enden des Ober- und Unterlids. Sie
verschwinden in der Regel mit dem Älterwerden der Kinder.

Manchmal zeigen sich bei der Geburt in den Augen des
Säuglings geplatzte Äderchen, die wie schmale, rote, dreieck-
förmige Flecken im Augenweiß aussehen. Ihre Ursache liegt in
dem Druck auf den Kopf während des Geburtsvorgangs, wo-
durch im Auge kleine Blutgefäße zu bluten anfangen. Dies
kann beängstigend aussehen, ist aber harmlos und verschwindet ohne weiteres Zutun nach einer Woche. Das Auge des
Babys ist nicht verletzt und auch sein Sehvermögen wird nicht
beeinträchtigt.

**Sehvermögen:** Erst im Alter von ungefähr sechs Wochen können Neugeborene koordiniert mit beiden Augen sehen. Manchmal sieht es so aus, als ob das Baby schielt. Machen Sie sich deswegen keine Sorgen. Die Muskeln, die für die Kontrolle der Augenbewegungen verantwortlich sind, müssen sich erst noch kräftigen.

Bei einem Neugeborenen sind diese Muskeln noch sehr schwach, und es dauert mehr als einen Monat, bis sie kräftig und voll entwickelt sind. Glauben Sie nicht, daß Ihr Baby nicht scharf sehen könnte. Das kann jedes Baby vom ersten Tag an, allerdings nur auf eine Entfernung von zwanzig bis fünfundzwanzig Zentimeter. Damit das Baby klar sieht, müssen Sie sich seinem Gesicht also auf diese Entfernung nähern, wenn Sie mit ihm sprechen. Auch wenn Sie mit seinen Fingern spielen, halten Sie diese entsprechend nah vor sein Gesicht. Ihr Baby erkennt Ihr Gesicht schon in den ersten Lebenstagen, was sehr wichtig ist, um eine Beziehung herzustellen.

## Genitalien

Bei beiden Geschlechtern können die Genitalien im Verhältnis zum Körper sehr groß erscheinen, vor allem wenn es sich um Frühgeburten handelt. Das hängt mit den noch vorhandenen mütterlichen Hormonen im Blutkreislauf des Kindes zusammen. Nach der Geburt können die Geschlechtsteile Ihres Babys rot und angeschwollen sein.

**Jungen:** Bei einem Jungen kann der Hodensack im Verhältnis zum Rest des Körpers besonders groß aussehen. Die Schwellung hängt – wie gesagt – mit den Hormonen zusammen, die Sie während Ihrer Schwangerschaft produzierten, oder aber mit einer Ansammlung von Flüssigkeit im Hodensack. Die Schwellung ist harmlos, und die Flüssigkeit wird langsam während der ersten drei Lebensmonate vom Körper absorbiert.

**Mädchen:** Ein Mädchen kann Scheidenausfluß haben, und seine Klitoris kann geschwollen sein. Dies hängt ebenfalls mit der Hormonproduktion der Mutter zusammen. Der Ausfluß hört in der Regel nach einigen Tagen auf.

## Geburtsmale

Bei Neugeborenen sind Geburtsmale sehr häufig. Sie bestehen hauptsächlich aus einer verstärkten Erweiterung kleiner Blutgefäße direkt unter der Haut. Sie können an jedem Körperteil Ihres Babys vorkommen. Während sehr viele von ihnen verschwinden, bleiben manche, und einige werden sogar größer. Sie sind etwas ganz Normales und bedürfen keiner Behandlung.

Auf den Augenlidern und im Nacken direkt am Haaransatz finden sich häufig lachsfarbene Flecken. Sie werden auch Storchenbiß genannt. Es handelt sich dabei um leichte Farbveränderungen der Haut, die mit der Zeit, häufig sogar innerhalb weniger Tage verblassen.

**Feuermale** (auch Weinflecken genannt): Das sind rote bis dunkelblaurote Flecken, die sich überall auf dem Körper, häufig im Gesicht und Nacken befinden. Manchmal können sie sehr ausgedehnt sein. Die Haut hat an diesen Stellen häufig eine andere Oberflächenbeschaffenheit, wobei die Male scharf abgegrenzt sind. Es handelt sich dabei um erweiterte Kapillargefäße in der Haut, die bleibend sind. Heutzutage werden sie sehr erfolgreich mit Laserstrahlen behandelt, und die Haut sieht fast normal aus, wenn man ein speziell für diese Zwecke hergestelltes Make-up aufträgt.

**Blutschwamm:** Er kann sich zunächst in Form kleiner, roter kaum sichtbarer Punkte zeigen. Es handelt sich dabei um eine knäuelartige Wucherung und Aussackung der Blutkapillaren. Während der ersten Lebensmonate können sie sehr schnell wachsen und zu roten Erhöhungen werden. Im zweiten Lebensjahr fangen sie aber an, kleiner zu werden, um dann nach und nach zu verschwinden, ohne Narben zu hinterlassen. Blutschwamm kann auch bei der Geburt schon voll ausgeprägt sein.

**Spinnenmale:** Das sind kleine Flecken, die kurz nach der Geburt wie ein Netz oder ein Spinngewebe aus erweiterten Blutgefäßen erscheinen. Im allgemeinen verschwinden sie am Ende des ersten oder zweiten Lebensjahres.

**Pigmentmale:** Das sind bräunliche Stellen, die überall auf dem Körper erscheinen können. Sie sind in der Regel blaß und werden fast immer größer, wenn das Kind wächst, aber selten dunkler.

**Blaue Male (Mongolenflecken):** Diese Male, die wie Blutergüsse aussehen, kommen häufig auf der unteren Rückenpartie von Babys mit dunkler Hautfarbe vor.

Fast alle schwarzen und asiatischen Babys sowie einige aus dem Mittelmeerraum haben diese Male. Sie sind völlig harmlos und werden von allein blasser.

## Flecken und Ausschläge

Die Haut eines Babys ist wie ein unbeständiges Thermometer, bei dem die Quecksilbersäule steigt und fällt. Die Hautfarbe kann von Rosa zu Blau und umgekehrt wechseln. Man kann rote wie weiße Flecken sehen, und die Beine haben vielleicht eine andere Farbe als der Rest des Körpers. Machen Sie sich in den ersten Lebenswochen deswegen keine Gedanken, denn die volle Funktionsfähigkeit der Babyhaut muß sich erst entwickeln.

Neugeborene haben häufig Flecken und Ausschläge, die fast immer harmlos sind. Sehr viele kommen deshalb vor, weil die Haut Ihres Babys einige Monate braucht, bis sie sich stabilisiert hat.

**Milien:** Das sind kleine weiße Flecken, die hauptsächlich auf dem Nasenrücken, aber auch sonst auf dem Gesicht vorkommen können. Sie werden durch die zeitweilige Verstopfung der Talgdrüsen hervorgerufen, die Talg absondern, um die Haut feucht zu halten. Milien sind etwas ganz Normales und bedürfen keiner Behandlung. Sie verschwinden fast immer innerhalb weniger Tage.

**Hitzepickel:** So bezeichnet man die kleinen roten Flecken, die sehr häufig bei Babys vor allem im Gesicht vorkommen. Sie bilden sich, wenn das Baby zu warm angezogen ist und schwitzt. Aber auch Babys, die nicht zu dick angezogen sind, können sie bekommen, und auch bei kühlem Wetter treten sie auf. Stärke der Bettdecke und Babykleidung sollten immer auf die Raumtemperatur abgestimmt sein, denn so beugt man Hitzepickeln vor. Am besten man akzeptiert einfach die Tatsache, daß sehr viele normale Babys irgendwann einmal einen Ausschlag zeigen, vor allem jedesmal, wenn Sie etwas Neues zu essen einführen.

**Weiße Flecken:** Diese Erscheinung, die man am Gaumen findet, werden Epsteins Perlen genannt und sind harmlose Zysten – nicht zu verwechseln mit Soor oder Koplikschen Flecken, an denen man Masern erkennen kann. Es handelt sich dabei meistens um eine weiße Quaddel, umgeben von einer Rötung auf der Haut.

## Frühgeburten

Die medizinische Definition für eine Frühgeburt geht von einem Geburtsgewicht unter 2500 g aus, unabhängig vom Zeitpunkt der Geburt, sei es in der 32., 36. oder 39. Woche. Nichtmediziner neigen dazu, den Zeitpunkt der Geburt – nach siebenunddreißig oder weniger Wochen – zur Definition einer Frühgeburt heranzuziehen, aber das ist falsch. Frühgeburt ist eine Sache des Entwicklungsstandes und nicht, wie lange Ihr Baby im Bauch war. Ein sehr kleines, aber ausgereiftes Baby, hat eine größere Chance, ohne Probleme zu überleben, als ein großes Baby, das zu früh geboren wurde.

Droht eine Frühgeburt sollte man unbedingt dafür sorgen, daß sowohl die sofortige, sachkundige Erstversorgung als auch die weitere spezielle Pflege des Frühchens gewährleistet sind, wie dies zum Beispiel in einer Entbindungsklinik, die über eine Frühgeborenen-Intensivstation verfügt, der Fall ist. Das erhöht nicht nur die Überlebenschance, sondern kann auch mögliche bleibende Behinderungen des Kindes verhüten.

**Ursachen für Frühgeburten:** Sie sind nicht völlig klar. In der Mehrheit der Fälle ist der Grund unbekannt. Verschiedene

Faktoren wie Mehrlingsschwangerschaft, Krankheiten der Mutter und Unterernährung werden für Frühgeburten verantwortlich gemacht.

**Aussehen:** Das Aussehen eines Frühchens, wie man heute die Frühgeburt liebevoll nennt, weicht von dem eines ausgereiften Babys erheblich ab. Die Haut ist rot, schrumpelig und mit weichem Haar bedeckt. Der Kopf ist klein, wirkt aber im Verhältnis zum Körper groß, und die Schädelknochen sind weich. Die Augen bleiben geschlossen, der Saugreflex ist schlecht ausgebildet, und der Säugling schläft fast immer.

**Gesundheitliche Probleme:** Das können – unter anderem – Atemprobleme und eine schlecht entwickelte Temperaturkontrolle sein. Die Atmungsschwierigkeiten hängen mit den unterentwickelten, noch unreifen Atmungsorganen zusammen, die eine flache, unregelmäßige, schnelle Atmung verursachen. Der Mechanismus, der das Herz reguliert, ist noch nicht voll ausgebildet, so daß das Baby leicht unterkühlen kann.

Ein frühgeborenes Kind ist sehr empfänglich für Infektionen, denn seine Widerstandskraft ist schlecht. Stillen spielt eine besonders große Rolle beim Aufbau von Abwehrkräften zum Schutz des Babys.

Gelbsucht kommt innerhalb der ersten zwei Wochen bei Frühgeburten genauso wie bei normalgewichtigen Kindern relativ häufig vor.

Anämie oder Eisenmangel kann leicht bei Frühgeburten oder Babys mit geringem Geburtsgewicht entstehen. Weil das kleine Baby im Vergleich zum Geburtsgewicht schneller als das große wächst, verbraucht es seinen gerade ausreichenden Vorrat an Eisen sehr schnell und entwickelt dann Eisenanämie. Um dies zu verhindern, erhalten Frühgeburten eisenhaltige Präparate.

**Inkubator:** Der Brutkasten übernimmt gewissermaßen die Funktion des Mutterleibs. Frühgeburten werden daher in aller Regel in einen Inkubator gelegt. Die moderne Technik hilft hier, die Lebensvorgänge des Frühchens zu überwachen und seine Bedürfnisse zu erfüllen, wie zum Beispiel die Körpertemperatur gleichmäßig zu halten. Bei Bedarf wird auch Sauerstoff zugeführt. Auch bietet der Inkubator Schutz vor Infektionen. Während man sich bemüht, eine Frühgeburt so selten wie möglich zu stören, erhalten die Eltern jederzeit Zugang zum Baby (fragen Sie jedoch die Schwestern, was Ihnen erlaubt ist), so daß eine Beziehung zwischen Eltern und Baby aufgebaut werden kann.

**Ernährung:** Das Füttern des Frühchens birgt einige Probleme in sich. Frühgeburten brauchen viele Proteine und Kohlenhydrate, besonders in den ersten Wochen, in denen sie ziemlich viel Gewicht verlieren. Man versucht, ihm sobald wie möglich Nahrung zu geben. Die Art und Weise des Fütterns hängt vom Allgemeinzustand des Kindes ab. Der behandelnde Arzt wird Sie über die Vorgehensweise informieren und mit Ihnen besprechen, ob und was Sie selbst dabei tun können. Falls das Baby sehr klein und schwach ist, füttert man eventuell alle zwei bis drei Stunden kleine Portionen durch einen dünnen Schlauch, der durch Nase und Rachen in den Magen führt. Der Schlauch stört das Baby nicht. Größere Frühgeborene sind eventuell in der Lage, aus einer speziellen Flasche mit einem weichen Sauger zu trinken, und Babys, die über 2000 g wiegen, können meist gestillt werden. Während der ersten zwei Wochen werden regelmäßig kleine Mahlzeiten gegeben. Danach wird die Nahrungsmenge langsam gesteigert. Je kleiner das Baby, desto häufiger muß es gefüttert werden, um die Körpertemperatur aufrechtzuerhalten.

**Bindungsprozeß:** Nähe und der Aufbau einer Bindung zu Ihnen ist für das Frühgeborene im Inkubator besonders wichtig. In der Idealsituation werden Sie Ihr Baby zum frühestmöglichen Zeitpunkt sehen und – sobald es sein Zustand erlaubt – auch anfassen dürfen. Die Trennung wird auf ein Minimum reduziert, aber trotzdem wird sie quälend für Sie sein.

**Chancen:** Die Aussichten für Frühgeborene sind in der Regel gut. In den meisten Fällen entwickeln sich Frühgeborene normal, und nach einigen Wochen kann niemand mehr sehen, daß sie zu früh geboren wurden.

Wie lange das Baby im Inkubator bleiben muß, hängt von seiner Reife und seinem Geburtsgewicht ab. In der Regel muß es im Krankenhaus bleiben, bis es ein Gewicht von 2500 g erreicht hat.

## Untergewichtige Babys

Ihr Baby kann trotz eines niedrigen Geburtsgewichts gut entwickelt sein. Sein Gewicht hängt oft mit einer Wachstumsverzögerung während der Schwangerschaft zusammen, die durch eine Vielzahl von Faktoren bedingt sein kann, beispielsweise durch Ihre Gesundheit und Ernährung, Ihr Alter, ob Sie Raucherin sind und ob Sie eine Mehrlingsgeburt hatten. Ähnlich einem Frühgeborenen wird dann Ihr Säugling dünn und mager aussehen, mit wenig Fettansatz am Körper und rissiger Haut. Hat Ihr Baby ein zu niedriges Geburtsgewicht, bedarf es einer besonderen Fürsorge im Krankenhaus und muß eventuell in den Inkubator. Es braucht mehr Kalorien als ein Baby mit normalem Geburtsgewicht und muß häufiger gefüttert werden.

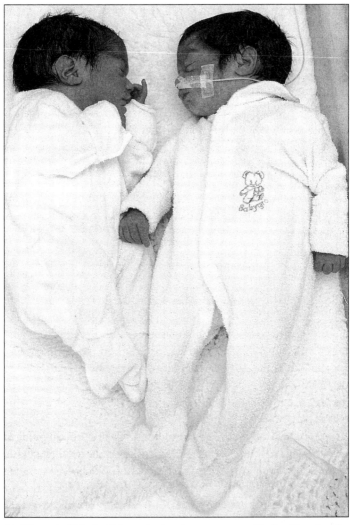

*Zwillinge sind häufig kleiner als einzeln ausgetragene Kinder. Manchmal benötigen sie einige Tage besonderer Pflege. Dann werden sie in einen Inkubator gelegt, der hilft, ihre Körpertemperatur zu regeln.*

## Pflegebedürftige Babys

Einige Babys bedürfen einer speziellen Pflege im Krankenhaus, meist weil es sich um Frühgeburten handelt oder weil das Kind ein zu geringes Geburtsgewicht oder Gelbsucht hat. Einige können auf der Entbindungsstation versorgt werden, während andere in den Inkubator auf die Intensivstation gelegt werden müssen. Falls Sie solch ein Baby haben, ist es besonders wichtig, daß Sie so oft wie möglich bei ihm sind. Sie sollten mit den Schwestern reden, um sich erklären zu lassen, was mit Ihrem Baby passiert. Hat es keine Ernährungsschwierigkeiten, können Sie es ganz normal füttern.

## Verletzungen bei der Geburt

Schwere Verletzungen sind bei der Geburt glücklicherweise sehr selten. Kleinere Verletzungen können beim Geburtsvorgang allerdings entstehen, vor allem wenn es sich um eine sehr lange und schwierige Geburt handelt. Schlimme Verletzungen werden in der Regel vermieden, indem man als letzten Ausweg den Kaiserschnitt wählt. Keine der im folgenden aufgeführten Verletzungen sind ernsthafter Natur:

**Bluterguß am Kopf:** Dabei handelt es sich um ein Kephalhämatom, das sich durch eine Blutung aus einem der Blutgefäße zwischen Schädelknochen und Knochenhaut entwickelt. Diese Schwellung verschwindet nach einigen Wochen, obwohl man die Ränder noch einige Monate fühlen kann. Sie bedarf keiner Behandlung.

**Blutergüsse:** Sie können unter der Haut überall am Kopf des Babys vorkommen und verschwinden nach einigen Wochen. Sie können zum Beispiel das Ergebnis einer Zangengeburt sein. Häufig kommen sie auch auf den Wangen des Säuglings vor. Wurde Ihr Baby mit Hilfe einer Saugglocke geboren, kann es dort, wo die Saugglocke angesetzt wurde, einen Bluterguß auf seinem Kopf haben.

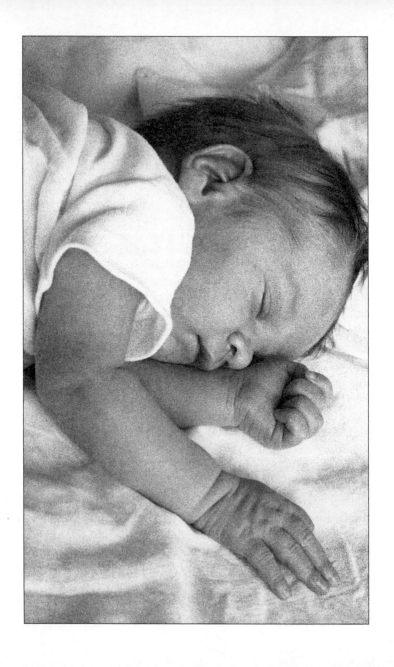

# 2.

## Das Verhalten Ihres Babys

Das Verhalten Ihres Neugeborenen ist viel interessanter, als es Ihnen vielleicht im ersten Moment erscheinen mag. Von der Geburt an ist jedes Baby eine eigene Persönlichkeit. Zwischen ruhigem bis forderndem Verhalten liegen viele individuelle Nuancen. Beobachten Sie Ihr Kind, lernen Sie es kennen, entdecken Sie seine Eigenarten und seine besonderen Seiten. Einiges an seinem Verhalten ängstigt Sie vielleicht zunächst, vor allem wenn Sie sich nicht darauf vorbereitet haben. Das Wechseln der Hautfarbe, schnelle, ruckartige Bewegungen, unregelmäßige Atemzüge und geräuschvolles Atmen mögen Sie beunruhigen, es sei denn Sie wissen, warum sich ein Baby gerade so und nicht anders verhält. Ihr neugeborenes Baby wird mit einer Anzahl von Fähigkeiten geboren, von denen einige Reflexe seinem Schutz dienen. Es kann sehen, hören, saugen, schlucken, riechen, schmecken, gähnen, Schluckauf haben, niesen, husten, sich strecken, Speichel bilden, schlafen, ausscheiden und weinen. Innerhalb weniger Tage nach der Geburt kann es Sie schon an Ihrem Geruch erkennen und bald danach an Ihrem Aussehen. Die Aufnahmefähigkeit Ihres Babys ist weitaus größer als seine körperliche Geschicklichkeit. Mit anderen Worten: Es kann besser sehen, hören, verstehen und leichter eine Beziehung zu Ihnen und anderen Menschen aufnehmen, als seine Körperbewegungen kontrollieren.

## Schluckauf, Niesen, Röcheln

Sie werden auf jedes Geräusch, das Ihr Neugeborenes macht, hören und sich womöglich Sorgen machen, wenn es häufig einen Schluckauf hat, niest oder gar röchelt.

**Schluckauf:** Er kommt bei Neugeborenen recht häufig vor, was ganz normal ist und Sie nicht beunruhigen muß. Der Schluckauf wird durch plötzliches, unregelmäßiges Zusammenziehen des noch nicht ausgereiften Zwerchfells verursacht. Er ist ein Zeichen dafür, daß die Muskeln zwischen den Rippen, die mit der Atmung zu tun haben, das Zwerchfell und die Bauchmuskulatur kräftiger werden und versuchen, harmonisch zusammenzuarbeiten.

**Niesen:** Das wird Ihr Baby ebenfalls recht häufig tun. Babys reagieren auf helles Licht sehr empfindlich. In den ersten Lebenstagen niesen sie fast jedes Mal, wenn sie die Augen öffnen, weil das Licht sowohl die Nerven der Nase als auch die der Augen anregt. Auch wenn Ihr Baby sehr häufig niest, heißt das nicht unbedingt, daß es eine Erkältung hat. Die Nasenschleimhaut eines Babys ist sehr empfindlich, und das Niesen ist notwendig, um die Atemwege zu reinigen und um zu verhindern, daß Staubpartikel in die Lungen geraten.

**Röcheln:** Dieses Geräusch muß Sie nicht beunruhigen. Manche Babys röcheln beim Atmen durch die Nase. Das kann sich so anhören, als ob Ihr Baby eine Erkältung hat, wobei sogar ein wenig klare Flüssigkeit aus seiner Nase laufen kann. Einerseits liegt das daran, daß ihm das Atmen durch die Nase neu ist, und zum anderen, daß es schmale Nasengänge hat. Sobald es älter wird und damit seine Nase größer, hört das Röcheln

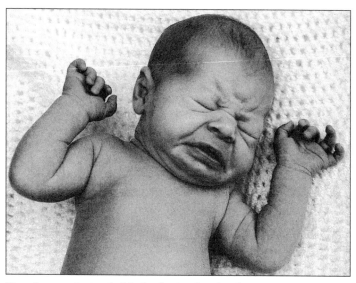

*Neugeborene niesen sehr häufig, da sie sehr schmale Nasengänge haben, die leicht gereizt werden können.*

auf. Falls Sie unsicher sind, ob das Röcheln nicht doch eine andere Ursache hat, fragen Sie Ihren Kinderarzt.

## Spucken nach dem Füttern

Alle Babys stoßen nach dem Füttern auf, aber einige stärker als andere. Sehr aktive, wache Babys, die durch schnelle Bewegungen von Armen und Beinen auffallen, stoßen häufiger kräftig auf, vor allem in den ersten Wochen. Nach dem Füttern quillt bei vielen Babys etwas Milch aus dem Mund. Es geht weniger Nahrung verloren, wenn Sie Ihr Baby nach der Mahlzeit aufrecht halten und es nicht flach hinlegen.

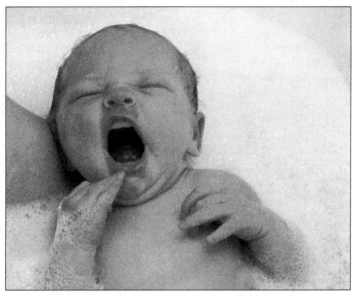

*Das Gähnen Ihres Babys kann von verschiedenen Geräuschen begleitet werden. Babys schniefen, grunzen und röcheln. Manche Babys schnarchen sogar, wenn sie schlafen. Das liegt an ihren noch schmalen Nasengängen. Die Geräusche verschwinden meist, wenn die Nase und die Nasenhöhlen des Babys größer werden.*

## Atmung

Während der ersten Tage holt ein Baby beim Atmen mit etwa vierzig Atemzügen pro Minute Luft. Danach fällt die Anzahl der Atemzüge auf fünfundzwanzig pro Minute, wenn es einige Monate alt ist. Jedoch sind die Atemzüge nicht unbedingt immer gleichmäßig und ruhig. Ihr Neugeborenes hat kleine Lungen, und sein Atem ist im Verhältnis zu dem eines Erwachsenen flach. Vielleicht fällt Ihnen auf, daß sich sein Bauch sehr viel bewegt. Das hängt damit zusammen, daß die Lungen Ihres

Kindes im Verhältnis zu seiner Körpergröße klein sind. Schläft Ihr Baby, kann es einige Sekunden lang ziemlich tief und schnell atmen, dann wiederum ganz langsam und fast unvernehmbar. Das ist normal.

Alle Babys machen merkwürdige Geräusche beim Atmen. Manchmal ist die Atmung schnell und laut, während sie zu einem anderen Zeitpunkt unregelmäßig sein kann. Ihr Baby kann bei jedem Ein- und Ausatmen röcheln, weil der Nasenrücken niedrig ist und die Luft versucht, durch die sehr engen Atemwege zu kommen.

Die Atmung Frühgeborener ist durch Unregelmäßigkeit gekennzeichnet: Sie geht sehr schnell, wechselt dann über zu einer ziemlich beängstigenden Phase, in der sie fast aufhört und Sie denken, sie würde ganz aussetzen. Einige Sekunden später wird das Baby wieder ziemlich schnell atmen. In der Regel ist das normal.

Steigt jedoch die Atemfrequenz Ihres Babys auf sechzig oder mehr Züge pro Minute an und ist seine Brust mit jedem Atemzug stark eingezogen, rufen Sie sofort Ihren Kinderarzt.

## Körperhaltungen

Ihr Baby wird, bedingt durch seine körperliche Unreife, bestimmte typische Körperhaltungen zeigen.

Wird das Baby auf den Rücken gelegt, berührt sein Kopf die Matratze. Wahrscheinlich wird es seinen Kopf zu einer Seite drehen, den Arm ausstrecken und den anderen Arm an seine Brust ziehen.

Liegt Ihr Baby auf dem Bauch, wird es den Kopf ebenfalls zu der von ihm bevorzugten Seite drehen und sich wahrscheinlich in eine Lage bringen, in der seine Arme und Beine gebeugt unter ihm liegen und sein Po nach oben ragt. Wenn Ihr Baby

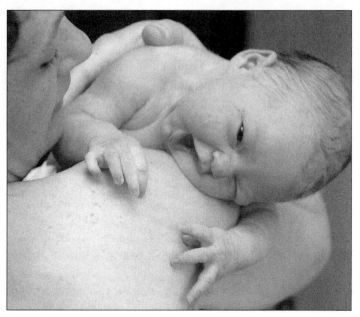

*Von Geburt an zeigen Babys ein bestimmtes Verhalten. Legen Sie Ihr Baby beispielsweise schnell auf eine Seite, drehen sich seine Augen in die entgegengesetzte Richtung und bewegen sich dann langsam dorthin, wohin es gedreht wurde.*

einige Wochen alt ist, wird es diese Stellung nicht mehr einnehmen.

Wenn Sie Ihr Neugeborenes aufrecht halten, werden alle seine Körperhaltungen durch die nach und nach erworbene Fähigkeit, den Kopf zu bewegen und zu kontrollieren, bestimmt. Direkt nach der Geburt ist der Kopf für die Nacken- und Rückenmuskeln zu schwer.

- Nach einer Woche, wenn Sie Ihr Baby bequem an Ihrer Schulter halten, wird es seinen Kopf mit kleinen ruckartigen Stößen wegbewegen.

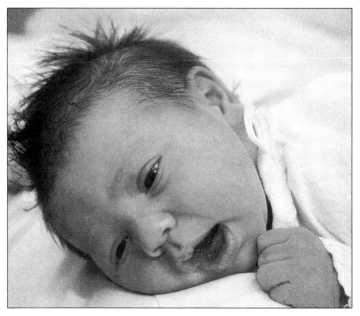

*Ruhiges, beobachtendes Verhalten hat nichts mit dem Geschlecht des Kindes zu tun. Die immer noch verbreitete Meinung, Mädchen seien weniger aktiv – also ruhiger – als Jungen, ist eines der vielen Ammenmärchen.*

- Im Alter von drei Wochen kann es seinen Kopf einige Sekunden lang von Ihrer Schulter abheben.
- In der sechsten Woche sind die meisten Babys in der Lage, ihren Kopf ein oder zwei Minuten lang selbständig aufrecht zu halten.

# Reflexe

Alle Neugeborenen haben Reflexe, das sind instinktive Verhaltensweisen, die ihrem Schutz dienen. Zwei Reflexe haben beispielsweise die Funktion, die Augen zu schützen beziehungsweise die Atmung aufrechtzuerhalten:

- Berühren Sie die Augenlider Ihres Neugeborenen, wird es sie fest schließen.
- Halten Sie seine Nase ganz leicht zwischen Finger und Daumen, wird es versuchen, sie durch streichende Handbewegungen zu entfernen.

Während der zweiten Untersuchung Ihres Babys kurz nach der Geburt werden unter anderem auch seine Reflexe getestet. Diese sehr wichtige Untersuchung (siehe U 2, Basisuntersuchung, Seite 92ff.) findet zwischen dem dritten und zehnten Lebenstag statt, entweder noch im Krankenhaus oder durch Ihren Kinderarzt. Sie selbst werden folgende Reflexe gut beobachten können:

**Suchreflex:** Ihr Baby macht eine Suchbewegung, wenn es nach Ihrer Brust sucht, um gestillt zu werden. Wenn Sie die Wange

*Das Zusammenspiel der aktiven (willkürlichen) Muskelbewegungen ist bei Neugeborenen noch wenig entwickelt. Ihre Bewegungen sind ruckartig und unkoordiniert. Bei Frühgeburten fällt dies besonders auf. Am liebsten strecken Babys ihre Beine aus und strampeln. Dies hilft, ihre Muskeln und Gelenke zu stärken. Es gibt ausgesprochen bewegungsfreudige Babys, die häufig ihre Gliedmaßen strecken und bewegen. Andere sind damit zufrieden, einfach ruhig dazuliegen. Spielerische Bewegungsübungen, zum Beispiel beim Wickeln, helfen die Koordinationsfähigkeit der Muskeln zu trainieren. Und die Beschäftigung mit dem Säugling fördert die Beziehung zwischen Mutter und Kind. Allerdings darf man nicht übertreiben, nur was dem Baby wirklich Spaß macht, hat Sinn.*

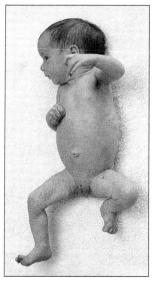
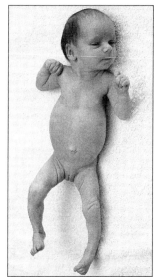
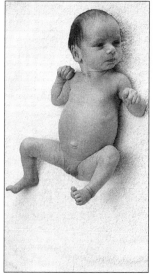
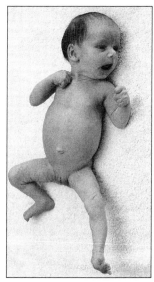

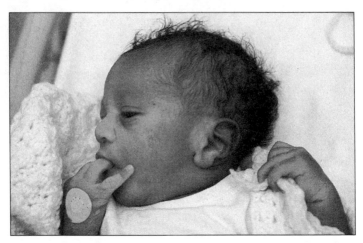

*Der angeborene Saugreflex stellt die Nahrungsaufnahme des Babys sicher.*
*Einher geht der Suchreflex: Es dreht sich automatisch zu Ihrer Brust, wenn*
*Sie über die der Brust zugewendeten Wange streichen.*

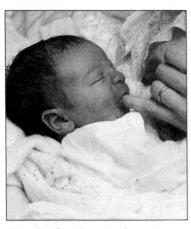

*Wenn Sie Ihren Finger nahe genug an*
*den Mund des Babys halten, wird es*
*daran unwillkürlich saugen, um sein*
*Saugbedürfnis zu stillen.*

Ihres Babys sanft streicheln, können Sie feststellen, daß es seinen Kopf in Richtung des Fingers dreht und seinen Mund öffnet.

**Greifreflex:** Diesen Reflex kann man durch Druck auf die Handfläche des Babys auslösen. Es macht dabei automatisch eine Faust. Bei fast allen Babys ist dieser Reflex so stark, daß man sie an ihren Fingern hochziehen kann, wenn ein Erwachsener

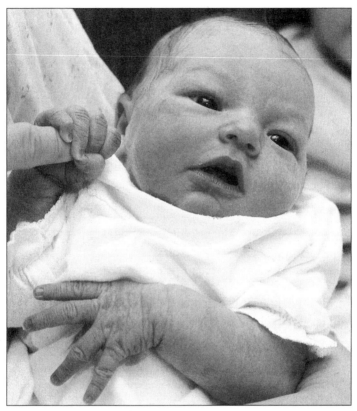

*Ein weiterer Reflex Ihres Babys ist die Fähigkeit zu greifen. Ein Neugeborenes kann mit seinen Händen und Füßen Dinge (zum Beispiel einen Finger oder Bleistift) sehr fest umfassen. Diese Fähigkeit geht innerhalb einiger Monate verloren.*

seine Daumen sanft in ihre Handflächen drückt. Dieser Reflex geht etwa mit drei Monaten verloren. Berühren Sie die Fußsohlen Ihres Babys, können Sie ebenfalls feststellen, daß sich seine Zehen nach unten einrollen, als ob sie etwas greifen wollten.

**Lauf- oder Schreitreflex:** Sobald Sie ein Baby unter seinen Armen fassen und aufrecht hinstellen, so daß seine Füße eine feste Unterlage berühren, bewegt das Baby seine Beine in einer laufenden oder schreitenden Bewegung. Dieser Reflex bringt das Baby aber nicht dazu, aufrecht zu stehen und zu laufen. Diese Fähigkeiten müssen im Alter von etwa zwölf Monaten völlig neu gelernt werden, wenn Muskeln, Gelenke und Gleichgewichtssinn des Babys ausgereifter sind.

**Krabbelreflex:** Legen Sie Ihr Baby auf den Bauch, wird es eine Krabbelposition einnehmen. Das hängt damit zusammen, daß die Beine immer noch wie im Mutterleib an den Körper herangezogen sind. Bewegt es in der Krabbelposition seine Beine, so kann es in der Lage sein, ähnlich wie später beim Krabbeln, in seinem Bettchen ein wenig vorwärts zu kommen. Dieser Reflex verschwindet, sobald sich seine Beine strecken und es flach liegt.

**Moro-Reflex:** Dieser auch Umklammerungsreflex oder Erschütterungsphänomen genannte Reflex wird benutzt, um den Allgemeinzustand Ihres Babys sowie sein zentrales Nervensystem zu testen. Während dieses Tests wird das nackte Baby schräg gehalten, wobei sein Hinterkopf durch die Hand des Untersuchenden gestützt wird. Der Kopf des Babys wird dann plötzlich ein wenig nach hinten fallen gelassen, was dazu führt, daß es sofort seine Arme und Beine ausbreitet, wobei die Finger ausgestreckt sind. Dann zieht es langsam die Arme mit geballten Fäusten zum Körper und seine Knie zum Bauch an. Beide Körperseiten sollten gleichzeitig und in gleicher Weise reagieren. Die gleiche Reaktion tritt ein, wenn Ihr Baby durch ein plötzliches lautes Geräusch oder eine rasche Bewegung gestört wird.

**Saugreflex:** Jedes Baby wird mit einem Saugreflex geboren. Wird im Mund des Babys Druck auf den Gaumen am oberen

Rand des Zahnfleisches ausgeübt, tritt der Saugreflex ein. Es handelt sich dabei um sehr starkes und schnelles Saugen, das einige Zeit lang anhält. Eigentlich saugt das Baby gar nicht richtig, sondern es kaut schmatzend. Die Brustwarze und der Warzenhof sollten daher weit in den Mund des Babys gedrückt werden, so daß durch die Kaubewegungen ein Unterdruck entstehen kann. Liegt die Brustwarze nicht tief genug im Mund des Säuglings, kann eine Brustwarzenentzündung entstehen, außerdem bildet sich ein Vakuum, in das Luft einströmt, die unabsichtlich in den Magen kommt und Blähungen beim Baby verursachen kann.

**Schluckreflex:** Er ist bei allen Babys von Geburt an vorhanden, so daß sie sofort Vormilch (Kolostrum) oder Milch schlucken können.

**Würgereflex:** Er tritt sofort ein, wenn zuviel Flüssigkeit geschluckt wird. Es kann auch Schleim aufgestoßen werden, um die Atemwege zu reinigen.

## Das Schlafen

Ein voll ausgetragener Säugling wird die meiste Zeit schlafen. Die Dauer der Zeit, die Neugeborene schlafen, ist von Baby zu Baby verschieden, im Durchschnitt beträgt sie jedoch etwa sechzig Prozent des Tages. Erwarten Sie nicht, daß Ihr Baby die ganze Zeit schläft, aber seien Sie auch nicht besorgt, wenn es das nicht tut. Einige Babys sind von Natur aus wacher und aktiver als andere.

Wahrscheinlich wird Ihr Baby direkt nach dem Füttern einschlafen. Ist es müde vom Trinken und wegen seines vollen Bauches zufrieden, nickt es vielleicht schon gegen Ende der

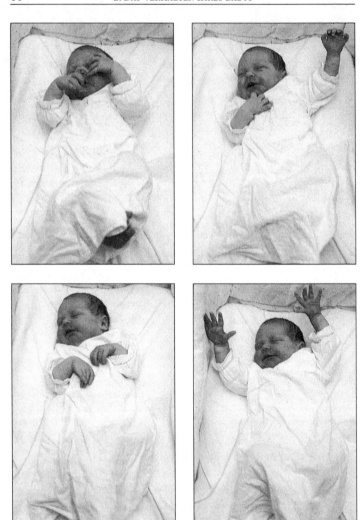

*Ihr Baby wird sich beim Schlafen ganz individuell verhalten. Einige Babys schlafen zufrieden und ruhig. Ihre Händchen halten sie sich manchmal vors Gesicht oder legen sie auf den Körper. Andere sind unruhig und aktiv. Manche strampeln oder rudern mit den Armen, dabei schlafen sie aber tief.*

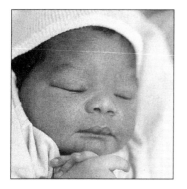 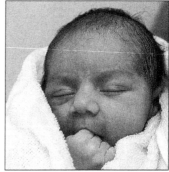

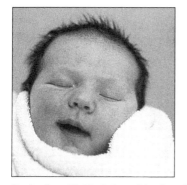 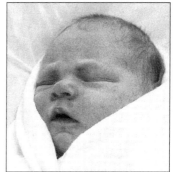

*Beobachten Sie Ihr Baby ruhig ab und zu mal, wenn es schläft.*
*Über die Variationen seiner Mimik werden Sie staunen. Vielleicht hat es*
*die Händchen »brav« gefaltet, oder es nuckelt an seinen Fingern.*
*Oder es schaut aus, als ob es lächelt. Manche machen aber auch ein richtig*
*griesgrämiges Gesicht.*

Mahlzeit ein. Es wird wahrscheinlich tief und fest schlafen und
schwer aufzuwecken sein. Für einen Säugling ist es ganz normal, während des Schlafes leicht zu grunzen. An Haushalts-
geräusche wie Türklappen, Staubsauger, Fernseher und das
Radio wird es sich schnell gewöhnen, nur plötzlicher Lärm
(oder grelles Licht) wird es erschrecken und aufwachen lassen.

**Einschlafhilfen:** Manche Babys brauchen eine Einschlafhilfe. Alle beruhigen sich bei engem Körperkontakt. Auch liebevolles, leises Sprechen oder Singen hilft. Durch Saugen werden Spannungen abgebaut. Außerdem führt es dazu, daß ein schlafendes Baby bei Störungen weniger leicht aufwacht. Ein Schlafsack sorgt dafür, daß Ihr Baby nicht aufwacht beziehungsweise besser einschläft, weil es nicht friert. Für Neugeborene gibt es Erstlingsschlafsäcke.

**Sehr viel Schlaf:** Frühgeburten oder Babys mit geringem Geburtsgewicht brauchen mehr Schlaf als normal ausgetragene Babys. Häufig sind sie auch weniger aktiv. Machen Sie sich keine Sorgen, wenn Ihr Baby Intensivpflege bekommt und weniger aktiv ist als ein bei der Geburt schon ausgereiftes Baby. Es wird ebenfalls strampeln und sich wie andere Babys bewegen, nur vielleicht mit weniger Kraft und Ausdauer.

*Am Anfang schlafen Babys vierzehn bis achtzehn Stunden täglich. Ziemlich sicher schläft Ihr Baby einen großen Teil der Zeit zwischen den Mahlzeiten. Zum Schlafen legen Sie Ihr Baby besser auf die Seite, nicht auf den Rücken. Die Seitenlage verhindert, daß aufgestoßene Nahrung in die Lunge gelangt. Haben Sie das Gefühl, daß Ihr Baby nicht bequem liegt, ändern Sie seine Lage. Es wird Sie schnell genug die Stellung wissen lassen, die es bevorzugt. Legen Sie es so hin, daß sich sein Kopf in der Nähe des Kopfendes des Bettes befindet oder es berührt. Das hilft dem Baby, sich geborgen zu fühlen.*

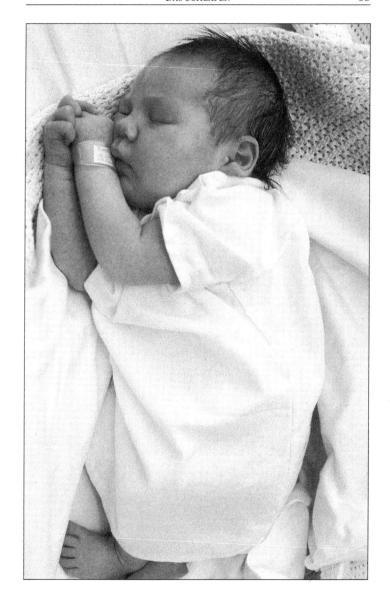

# *Lukas*

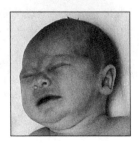

**Geboren:**
ein Tag nach dem errechneten
Geburtstermin
**Gewicht:**
4100 g
**Allgemeinzustand:**
Herzschlag vor der Geburt etwas niedrig,
gleich danach in Ordnung
**Wehentätigkeit der Mutter:**
außergewöhnlich lange, 24 Stunden
**Nahrung:**
Stillen

## Der erste Tag

*»Er war in meinem Bauch ziemlich lange gedrückt worden, so daß seine Augen blutunterlaufen waren und sein Gesicht ziemlich rot. Er hatte eine Menge kleiner, knallroter Flecken auf seinem Gesicht.«*

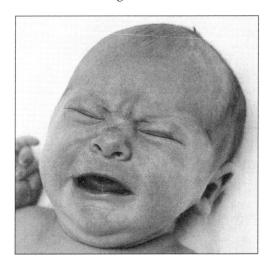

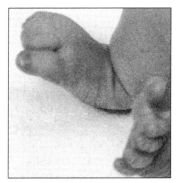

*»Er kam aus dem Geburtskanal geschossen. Seine Beine waren sehr stark angezogen. Der Arzt sagte erst: ›Gratuliere, es ist ein Mädchen.‹ Aber ich hatte bei der Geburt seinen Hodensack, kaum sichtbar unter dem Po, bemerkt.«*

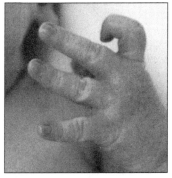

*»Seine Finger waren von Anfang an ziemlich gerade und gestreckt. Ich hatte erwartet, daß sie mehr gekrümmt sein würden, zu Fäustchen geballt.«*

## Der zehnte Tag

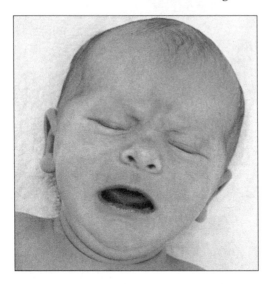

»Anfangs hatte ich Schwierigkeiten mit dem Stillen. Ich bekam viele widersprüchliche Ratschläge im Krankenhaus. Aus diesem Grund verlor er viel Gewicht, und er gewann sein ursprüngliches Geburtsgewicht erst zurück, nachdem er drei Wochen alt war«

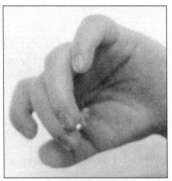

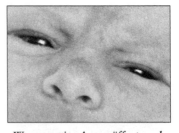

»Wenn er seine Augen öffnete, sah es manchmal so aus, als ob er nachprüfen wollte, daß alles in Ordnung ist.«

»Er war von Anfang an sehr aufgeweckt und kräftig. Seine Händchen wirken fast schon pummelig, und er konnte richtig fest zupacken, wenn man ihm den Finger an die Handfläche hielt.«

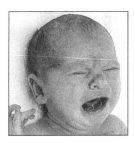

*»Er schrie häufiger, nachdem wir
zu Hause waren. Ich dachte, daß er
vielleicht meine Unsicherheit spürte.
Er beruhigte sich jedoch bald und begann
in der Nacht durchzuschlafen, nachdem
er zwei Wochen alt war.«*

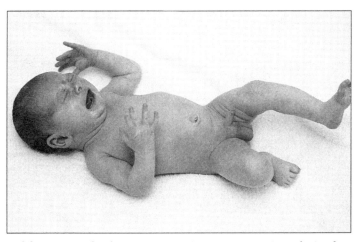

*»Ich bin erstaunt darüber, wie gern er mit uns zusammen ist und wie sehr
er Aktivität liebt. Mit etwa einem Monat schien er uns beide zu kennen
und drehte sich jedesmal um, sobald er unsere Stimmen hörte.«*

## Sehen

Ein Neugeborenes kann mit seinen Augen noch nicht scharf sehen. Für kurze Zeit und wenn das Objekt sich zwanzig bis fünfundzwanzig Zentimeter vor seinem Gesicht befindet, kann es aber ein Objekt (einen Gegenstand und ein Gesicht) deutlich wahrnehmen, es fixieren und ihm auch mit den Augen folgen. Das Baby kann Hell von Dunkel unterscheiden und reagiert auf Lichtreize. Schon sehr bald dreht es seinen Kopf zu einer hellen Lichtquelle oder um einem Gesicht zu folgen. Im Alter von zwei Wochen kann es Ihr Gesicht erkennen und es von anderen unterscheiden. Eventuell ist es auch in der Lage, Sie nachzumachen, wenn Sie Ihre Zunge herausstrecken.

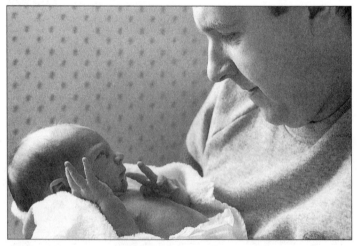

*Schon sehr früh kann Ihr Baby zwischen Hell und Dunkel unterscheiden und Bewegungen sowie die Farben von Objekten, die nahe genug gehalten werden, erkennen. Nach etwa zwei Wochen wird es in der Lage sein, Ihr Gesicht zu erkennen.*

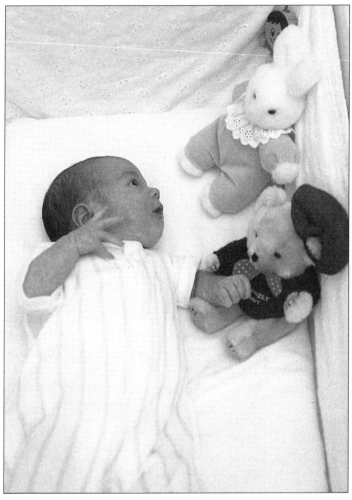

*Viele Babys scheinen alles wahrzunehmen, was um sie herum vor sich geht.
Spielzeug, Mobiles und farbige Bilder in seiner Sichtweite (im oder am Bett
beziehungsweise im Zimmer) dürfen von Anfang an nicht fehlen. Formen
und Farben regen seine Sinne an und bieten ihm damit zugleich Beschäftigung. In einer kahlen, farblosen Umgebung langweilt sich das Baby.*

*Zwillinge mögen es gern, wenn man sie dicht nebeneinander legt. Sie haben neun Monate gemeinsam im Bauch der Mutter verbracht und sind an die ständige Körpernähe des anderen gewöhnt.*

Das ist das erste Anzeichen Ihres Babys, daß es unterhalten werden möchte. Bringen Sie Ihren Kopf auf eine Entfernung von zwanzig bis fünfundzwanzig Zentimeter an das Baby heran und reden Sie, lächeln Sie, strecken Sie die Zunge heraus, verziehen Sie Ihr Gesicht übertrieben stark, damit es bemerkt, daß Sie sein Mienenspiel beantworten. Viele Babys mögen dieses Kontaktspiel.

## Hören

Das Gehör des Neugeborenen ist gut entwickelt, und das Baby reagiert auf Geräusche. Plötzliche laute Geräusche mag es nicht. Auf einen plötzlichen Knall oder kurzes lautes Händeklatschen reagiert es mit dem »Erschreckensreflex« (Moro-Reflex), sein

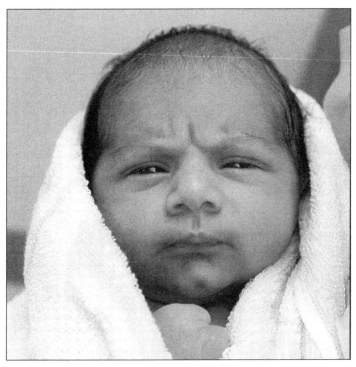

*Babys haben eine variationsreiche Mimik. Die Bedeutung eines Gesichts-
ausdrucks herauszufinden ist allerdings nicht einfach. Runzelt ein Baby
die Stirn und schaut angestrengt, so muß es keineswegs ärgerlich oder
griesgrämig sein. Das Baby versucht vielleicht nur, seine Augen auf einen
Menschen oder auf Aktivitäten in seiner Nähe zu richten. Vielleicht fühlt es
sich aber auch durch zu helles Licht gestört.*

Kopf fällt nach hinten, und es breitet die Arme ruckartig aus.
Weniger lautstarke Geräusche regen ein Baby an, eventuell
weiten sich seine Augen, sein Atemrhythmus verändert sich,
oder es blinzelt einfach nur mit den Augen. Schon gleich nach
der Geburt reagiert der Säugling auf die menschliche Stimme.
Er zeigt mehr Interesse an der menschlichen Sprache als an

jedem anderen Laut. Für seine geistige und seelische Entwicklung ist es sehr wichtig, daß die Mutter von der ersten Stunde an viel und zärtlich mit ihm redet. Das Baby versteht Sie – Ihre Gefühle, die in der Stimme liegen!

## Ihr Baby »spricht« mit Ihnen

Bis Ihr Baby sich mit Worten ausdrücken kann, dauert es noch eine ganze Weile. Neugeborene machen sich zwar hauptsächlich durch Schreien bemerkbar, aber es gibt noch eine ganze Reihe weiterer Ausdrucksmöglichkeiten. Ihr Baby wird Zeichen von Freude zeigen, wenn es sich rundum wohl fühlt, nachdem es liebkost oder warm gebadet wurde. Es wird seine Zehen spreizen, beugen und strecken.

Und Ihr Baby kann lächeln! Die Meinung, ein Baby könne erst mit etwa sechs Wochen lächeln, ist mehr als vorsintflutlich. Ein Baby kann vom Augenblick der Geburt an lächeln.

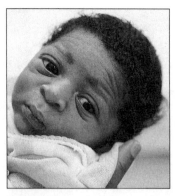

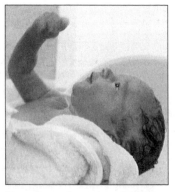

*Schon in den ersten Lebenswochen können Säuglinge den Kopf in die Richtung einer ihnen vertrauten Stimme wenden.*

*Neugeborene bemerken viele Dinge in ihrer Umgebung, sie reagieren zum Beispiel auf unterschiedliche Gerüche oder Geräusche.*

Als mein Sohn Edmund geboren wurde und auf meiner Brust lag, begann ich sofort »Edmund« zu gurren. Seinen Augen bewegten sich schnell in Richtung meines Gesichtes und des Lautes, und kein Mensch kann mich davon abbringen, daß er lächelte. Er lächelte von diesem Augenblick an. Babys kommunizieren auch durch Beobachten und durch allgemeine Körperbewegungen – durch »Willkommensgesten«. Durch den täglich enger werdenden Kontakt mit Ihrem Neugeborenen können Sie bald seine laut- und gestenreiche »Sprache« sicherlich bestens verstehen.

## Wenn Ihr Baby schreit

Einige Sekunden oder Minuten nach der Geburt kann Ihr Baby seinen ersten Schrei tun. Einige Babys schreien, sobald ihre Brust bei der Geburt zum Vorschein kommt, während es bei anderen einige Minuten dauert und sie erst Laute von sich geben, nachdem normale Atembewegungen eingetreten sind.

### *Unterschiede beim ersten Schrei*

Ärzte und Hebammen können die unterschiedlichen Arten des Babygeschreis bei der Geburt erkennen. Seine charakteristische Eigenschaft hängt vom Entwicklungsstand sowie vom Allgemeinzustand des Kindes ab. Der erste Ton einiger Babys ist mehr ein Wimmern, das nach mehrfacher Wiederholung langsam zur vollen Lautstärke eines Schreis ansteigt. Andere Babys husten und geben einige Sekunden oder sogar Minuten stockende Laute von sich, bevor sie normal zu schreien anfangen.

Machen Sie sich keine Sorgen, wenn sich das Gesicht Ihres Babys beim Schreien rötet und sich sein Körper anspannt. Das

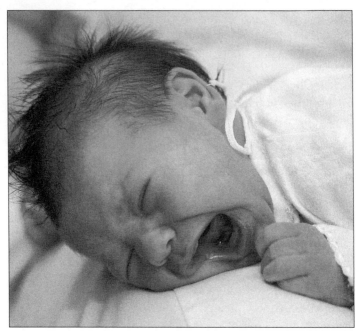

*Babys schreien aus einer Vielzahl von Gründen. Sie fühlen sich vielleicht unbehaglich und unglücklich, weil sie einsam, hungrig, müde oder aber auch überreizt sind.*

ist normal. Ihr Baby wird einen tiefen Atemzug machen, danach spannt es den ganzen Körper an, sein Gesicht verzieht sich, wird knallrot, und es wird seinen Mund weit öffnen und schreien. Die kraftvolle Art zu schreien zeigt, daß es sich um ein gesundes Baby handelt, und es bedeutet, daß normale Veränderungen in seinem Kreislauf stattgefunden haben, die wichtig für seine Existenz außerhalb der Gebärmutter sind. Mit dem Geschrei wird auch die Ausdehnung der Lungen vervollständigt und sichergestellt, daß seine Atmung normal sein wird.

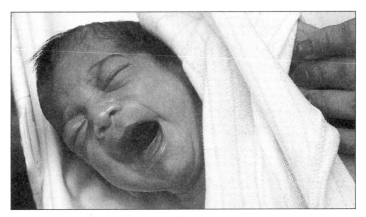

*Viele Säuglinge beruhigen sich schnell, wenn man sie in ein weiches Tuch einhüllt. Das erinnert sie wahrscheinlich an die Geborgenheit im Mutterleib.*

## Das Schreien im Alltag

Schreien gehört für den Säugling zum täglichen Leben, da er nur so mit Ihnen auf Entfernung in Verbindung treten kann, um seine Bedürfnisse anzumelden. Für ein Baby gibt es viele gute Gründe zu schreien. Meist zählen sie zur Gruppe »Unbehagen«, zu der Hunger und Durst gehören. Vielfach ist aber auch Einsamkeit der Grund.

Die Meinungen darüber, wie lange man ein Baby schreien lassen sollte, gehen weit auseinander. Ich jedenfalls wollte, daß meine Babys mit dem Gefühl aufwuchsen, daß sie, wenn sie Aufmerksamkeit brauchten, diese auch bekommen. Damit befinde ich mich in bester Gesellschaft mit unzähligen anderen Fachleuten und zahllosen Müttern. Kein Baby schreit, weil es seine Eltern schikanieren oder gar seine Lungen stärken möchte. Schreien bedeutet in der Regel: »Hilfe, ich brauche etwas!«

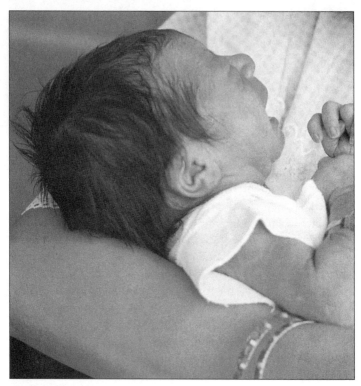

*Sie sollten Ihr Baby nicht schreien lassen. Sobald es weint, nehmen Sie es einfach auf und tragen es umher. Streicheln Sie es oder machen Sie eine Babymassage, denn Ihr Baby erhält seine stärksten Sinneseindrücke erst einmal über die Haut.*

**Hunger:** Hungergefühl ist die Hauptursache für mehr oder weniger lautstarkes Schreien. Durch Füttern nach Bedarf kann der Hunger leicht gestillt werden, wenn die Nahrung angemessen ist. Aber auch bei Neugeborenen kommt die Persönlichkeit zum Vorschein. Einige Säuglinge schreien mehr als andere, manche lauter. Ein paar sind gegenüber Hunger toleranter, während andere schneller hungrig werden und nach Nahrung verlangen.

Einige Babys wollen länger saugen, nicht mehr trinken, einfach nur noch ein bißchen nuckeln. Sie schreien, wenn sie zu früh von der Brust entfernt werden. Vielleicht ist Ihr Kind so ein »Nuckelbaby«. Ich hatte zwei davon. Sie saugten und spielten gern an der Brust herum. Wenn Ihre Brüste nicht empfindlich oder entzündet sind, sollten Sie ihm das Vergnügen eine Weile gönnen.

Untersuchungen haben gezeigt, daß die meisten Babys achtzig Prozent ihrer Nahrung in fünf bis acht Minuten zu sich nehmen, so daß· Ihr Baby ausreichend gefüttert ist, wenn es sechs bis sieben Minuten an jeder Brust verbringt. Achten Sie jedoch immer auf die individuellen Bedürfnisse Ihres Babys, die einen trinken zügig, andere sind trinkfaul und müssen zum Saugen animiert werden.

Und noch etwas ist wichtig: Nicht jedes Baby gibt Ihnen durch Schreien zu verstehen, daß es Hunger hat! Auf die notwendigen Mahlzeiten müssen Sie selbst achten.

**Falsche Bekleidung:** Sind Säuglinge zu warm oder zu dünn angezogen, protestieren viele von ihnen mit lautstarkem Gebrüll. Bei einem frierenden Baby färbt sich die Haut blaßblau und erscheint marmoriert. Schwitzt das Baby, fühlt sich sein Nacken heiß und feucht an. Zum roten, heißen Gesicht und schweißnassem Hinterkopf sollte man es erst gar nicht kommen lassen. Mit einer der Außentemperatur angepaßten Bekleidung läßt sich diese Art von »Hilfegeschrei« leicht vermeiden.

**Nasse oder volle Windel:** Dieser Zustand veranlaßt manche schon etwas ältere Babys zum Protestgeschrei. Ihnen sind eine nasse oder volle Windel unangenehm. Oft handelt es sich um ein besonders empfindliches Baby, das seine Empfindlichkeit

*Manche Säuglinge mögen es nicht, wenn sie ausgezogen werden.*
*Daher kann es sein, daß Ihr Baby schreit, wenn Sie es ausziehen oder seine*
*Windeln wechseln.*

auch später beibehalten wird. Nicht bewiesen ist, daß ein unangenehmer Geruch oder Geschmack, zum Beispiel von Erbrochenem, ein Kind wirklich stört. Dieses Empfinden kommt von Erwachsenen, die ihr eigenes Gefühl auf sehr junge Babys übertragen.

**Müdigkeit:** Für manche Babys kann Müdesein einen triftigen Grund zum Schreien bilden. Bei manchen Babys schafft Schlafenlegen allerdings nicht die gewünschte Abhilfe. Sie schreien munter weiter, das heißt, sie schreien sich in den Schlaf. Wahrscheinlich handelt es sich dabei um sehr aufgeweckte Babys, die nur schwer zur Ruhe kommen.

**Die Stimmung der Mutter:** Ihr Baby spürt Nervosität, Ängstlichkeit, Überfordertsein und vieles mehr, manche reagieren recht gelassen darauf, andere, sehr sensible, setzen zu einem ausdauernden Schreien an. Trösten Sie Ihr Baby liebevoll! Falls Sie aber das Gefühl bekommen, Ihnen wächst alles über den Kopf, sollten Sie versuchen, sich selbst ab und zu ein paar

Stunden »babyfrei« zu geben. Vielleicht können die Groß-
eltern, andere Verwandte oder gute Freunde Ihnen dazu verhelfen.

**Einsamkeit:** Babys werden gern liebkost und wollen Kontakt
zum weichen, warmen Menschenkörper – mehr als alles andere, daher ist Einsamkeit ein häufiger Grund zum Schreien.
Den Schrei nach Wärme, Geborgenheit und Gesellschaft in der
für einen Säugling noch so fremden Welt geben schon nur wenige Tage alte Babys von sich. Sie können sicher sein: Sie ver-
wöhnen Ihr Baby wirklich nicht, wenn Sie auf seinen durch
Schreien geäußerten Wunsch nach Kontakt eingehen und es
aufnehmen, auf dem Arm umhertragen oder – besser noch – in
einem Tragetuch oder -beutel längere Zeit an Ihrem Körper
tragen. Babys, die sich nicht einsam fühlen, schreien weniger
und sind insgesamt zufriedener.

**Schmerzen:** Für Babys zählen sie zu den ausnehmend wichti-
gen Gründen, warum es schreit. Handelt es sich um schrilles,
merkwürdiges Schreien, wobei Ihr Kind auch noch schlecht
trinkt, könnte es krank sein, und Sie sollten Ihren Kinderarzt
konsultieren. Fragen Sie ihn lieber einmal zuviel als einmal zu-
wenig, um herauszufinden, ob und welche Schmerzen Ihr Baby
hat!

**Unterscheiden:** Mütter lernen schnell, die unterschiedlichen
Arten des Schreiens ihres Babys – und die Gründe dafür – zu
erkennen und damit umzugehen. Und sie werden rasch jeden
anderen Laut des Unbehagens (quengeln, jammern, wimmern
oder »jaunzen«) interpretieren können. Keine Sorge – und
etwas Geduld in den ersten Lebenswochen Ihres Babys: Es
schreit nicht nur, es entwickelt bald ein reichhaltiges Reper-
toire an Lauten des Wohlbehagens.

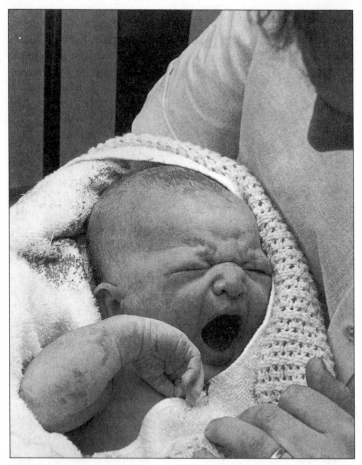

*Ein Baby hat nur einen Weg, seine Bedürfnisse zu äußern: das Schreien
Häufig ist der Grund offensichtlich, aber auch andere, schwieriger zu
entdeckende Gründe können sein Schreien hervorrufen. Es wird einige
Zeit dauern, bis Sie die verschiedenen Schreie voneinander unterscheiden
können und angemessen darauf reagieren. Wichtig ist, daß Sie überhaupt
reagieren. Die Grundlagen für Liebe und Sicherheit beruhen bei einem
Neugeborenen darauf, daß es weiß: Da ist jemand, der meine Bedürfnisse
befriedigt und Wärme sowie Geborgenheit vermittelt.*

# Stuhlgang

Der erste Stuhlgang Ihres Babys besteht aus Mekonium (Kinds-pech), einer klebrigen, schwärzlichgrünen Substanz. Dieser erste Stuhl sollte innerhalb von 24 Stunden nach der Geburt aus-geschieden werden. Das Mekonium enthält Gallenflüssigkeit, Schleim und einige andere Bestandteile, die sich in den Där-men des Fetus während seiner Entwicklung im Mutterleib angesammelt haben.

Sobald das Füttern beginnt, erfolgen normale Ausscheidun-gen, deren Farbe und Eigenschaft von der Nahrung – Milch-fertignahrung (Pre-Nahrung) oder Muttermilch – bestimmt wird. Nach dem vierten Tag kann es täglich vier- bis fünfmal Stuhlgang haben, alle gelb und breiig. Die Häufigkeit des Stuhlgangs ist sehr verschieden. Einige Babys haben nach jeder Mahlzeit die Windeln voll, was völlig gesund ist. Der Magen-Darm-Reflex sorgt bei ihnen dafür, daß der Darm sich leert, sobald Nahrung in den Magen gelangt. Vorausgesetzt, Ihr Baby muß sich beim Stuhlgang nicht zu sehr anstrengen. Jeder Stuhl, der eine normale Farbe hat und weich ist, gibt keinen Grund zur Beunruhigung.

**Unregelmäßiger oder harter Stuhl:** In diesen Fällen sollte das Baby mehr Wasser trinken. Geben Sie ihm dann zwei- bis drei-mal am Tag einen Eßlöffel (15 Milliliter) frisch abgekochtes Leitungswasser, dabei auf die Trinktemperatur achten. Doch Vorsicht, Säuglinge reagieren ungleich empfindlicher als Er-wachsene: Das Wasser darf weder mit Nitrat noch anderen Umweltschadstoffen auch nur ansatzweise belastet sein, was in den meisten Gegenden nicht der Fall ist, jedoch zum Beispiel in intensiv landwirtschaftlich genutzten Gebieten oder bei ei-genem Brunnenwasser vorkommen kann. Über die Beschaf-

fenheit des örtlichen Leitungswassers gibt das Wasserwerk
oder die Stadt- beziehungsweise Gemeindeverwaltung Auskunft. Kein Mineral- oder Tafelwasser verwenden, es sei denn,
auf der Flasche steht: »Geeignet für die Zubereitung von Säuglingsnahrung.«

## Urin und Blase

Babys scheiden in der ersten Stunde nach der Geburt Urin aus,
der Urate enthält. Das sind Substanzen, die seine Windel dun-
kelrosa oder rot verfärben. Doch das ist kein Grund zur Sorge.
Hat sich der Urinfluß eingespielt, ist es möglich, daß Ihr Baby
bis zu zwanzigmal am Tag Wasser läßt. Das liegt an der noch
nicht ausgereiften Blase Ihres Babys. Sie kann den Urin nicht
zurückhalten, noch nicht einmal einige Minuten lang. Das ist
völlig normal. Die Kontrolle seiner Blasen- und Darmfunktion
kann Ihr Kind erst im Lauf seiner Entwicklung lernen.

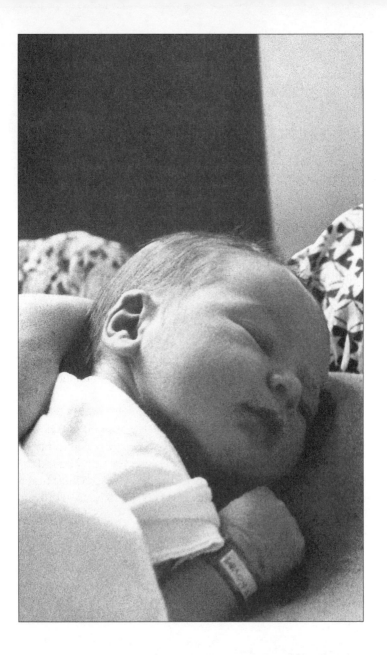

# 3.

## Erste Versorgung
## von Kind und Mutter

Wie viele Frauen werden Sie Ihr Baby wahrscheinlich im Krankenhaus bekommen. Dort werden Ärzte und Krankenschwestern für Sie und das Baby sorgen. Bei der Geburt wird ein Team von Experten anwesend sein, einschließlich Kinderarzt, Anästhesist, Hebamme und Säuglingsschwester, die sich um das Baby kümmern. Das gesamte Team ist darauf ausgerichtet, daß sowohl die Geburt als auch die ersten Lebensminuten Ihres Babys nach Plan verlaufen. Man wird Sie nicht aus den Augen lassen. Während des gesamten Aufenthaltes im Krankenhaus werden Sie und das Baby regelmäßig untersucht, um sicherzugehen, daß alles in Ordnung ist.

In vielen Kliniken kann Ihr Baby in Ihrem Zimmer bleiben. Dieses Rooming-in wird unterschiedlich gehandhabt. Ob das Baby rund um die Uhr bei Ihnen bleibt oder nur tagsüber, hängt nicht nur von den Platzverhältnissen in der Klinik, sondern auch von Ihren persönlichen Bedürfnissen ab. Manche Mütter ziehen es vor, wenn das Baby nachts im Säuglingszimmer schläft, weil sie so selbst etwas mehr Ruhe und Schlaf bekommen. Es ist von Krankenhaus zu Krankenhaus verschieden, wieviel Zeit die Schwestern für die tägliche Säuglingspflege aufbringen, aber Ihnen sollten die notwendigen Handgriffe für das Füttern, Wickeln und Baden gezeigt werden. Andere frischgebackene Mütter sind auch eine gute Quelle für Informationen und Hilfe.

## Die Versorgung des Neugeborenen

Sobald Ihr Baby das Licht der Welt erblickt hat, wird es gründlich untersucht. Diese Neugeborenen-Erstuntersuchung in den ersten Minuten nach der Geburt ist die erste von zehn Vorsorgeuntersuchungen:

U 1 – Erstuntersuchung (unmittelbar nach der Geburt)

U 2 – Basis-Untersuchung zwischen dem 3. und 10. Lebenstag. Je nachdem, wie lange Sie in der Klinik bleiben, findet sie dort oder beim Kinderarzt statt.

U 3 – 4. bis 6. Lebenswoche, wird – wie auch die folgenden – vom Kinderarzt durchgeführt.

U 4 – 3. bis 4. Lebensmonat

U 5 – 6. bis 7. Lebensmonat

U 6 – 10. bis 12. Lebensmonat

U 7 – 21. bis 24. Lebensmonat

U 8 – 43. bis 48 Lebensmonat (mit 3 1/2 Jahren bis 4 Jahren)

U 9 – 60. bis 64. Lebensmonat (5. Lebensjahr)

U 10 – zwischen dem 10. und 14. Lebensjahr

Alle Befunde werden in ein Vorsorge-Heft eingetragen, das Sie gut verwahren sollten. Versäumen Sie keinen der Vorsorgetermine, denn die Untersuchungen helfen, die bestmögliche Entwicklung Ihres Kindes zu sichern. Die Vorsorgeuntersuchungen der ersten Lebenswochen verlaufen in Österreich und in der Schweiz genauso wie in Deutschland.

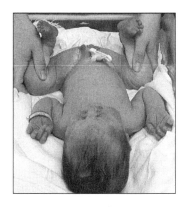
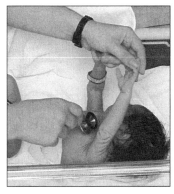
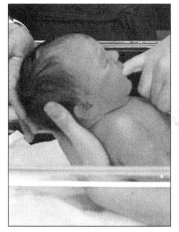
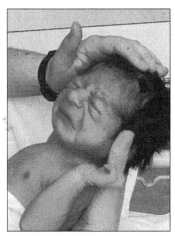

*Zwischen dem dritten und zehnten Lebenstag findet die Neugeborenen-*
*Basisuntersuchung statt (U 2).*
*Links oben: Der Kinderarzt kontrolliert, ob Bewegungseinschränkungen*
*oder Hüftgelenkstörungen vorliegen.*
*Rechts oben: Herz und Lunge werden abgehört, um festzustellen, ob sie*
*richtig arbeiten. Viele Babys haben kurz nach der Geburt ein*
*Herzgeräusch, das sich aber in der Regel innerhalb weniger Tage gibt.*
*Links unten: Der Mund wird auf Fehlbildungen von Gaumen oder*
*Lippen abgetastet.*
*Rechts unten: Auch Kopf und Nacken werden sehr gründlich untersucht.*

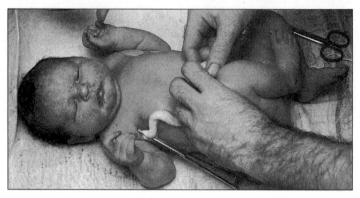

*Die Nabelschnur ist bei der Geburt feucht und blauweiß. Sie wird abge-klemmt und dann durchschnitten. Es bleibt nur ein kurzes Stück übrig, das trocknet und innerhalb von zwei bis vier Stunden fast schwarz wird. Der Stumpf trocknet ein, schrumpft und fällt etwa sieben Tage nach der Geburt ab. Dies alles ist für Ihr Baby schmerzlos.*

## Die ersten Atemzüge

Als erstes stellen die Experten im Kreißsaal sicher, daß Ihr Baby richtig atmet. Um einer möglichen Notsituation schnell zu begegnen, werden schon beim Geburtsvorgang die Herz-töne des Babys an einem Monitor überwacht. Unmittelbar nach der Geburt – manchmal sogar schon, bevor das Kind ganz ausgetreten ist – werden Mund, Nase und Kehlkopf von Schleim und Fruchtwasser gesäubert. Der Arzt oder die Heb-amme saugt den Schleim mit einem speziellen Gerät ab. Da-durch wird gesichert, daß die oberen Atemwege des Säuglings frei von Sekreten sind, wenn er seinen ersten Atemzug tut.

Die Reinigung der Nasenflügel ist einer der stärksten Reize für das Atmen und Schreien. Nachdem Ihr Baby die ersten Atemzüge getan hat, wird es eventuell husten, um damit Schleim und Flüssigkeit hochzubringen, die sich in seiner Lunge und Luftröhre angesammelt hatten. Auch diese werden abgesaugt.

**Atemhilfe:** Manchmal hat ein Baby während des Geburtsvorganges Schwierigkeiten und braucht Hilfe, um richtig atmen zu können. Macht Ihr Baby keinerlei Anstalten zu atmen, ist es notwendig, die Lungen zu dehnen und zu belüften. Es gibt mehrere Möglichkeiten, das zu tun. Ihr Baby wird in Decken gewickelt, um es warmzuhalten. Dann wird es sanft stimuliert, um es zum Atmen anzuregen, während Sauerstoff auf sein Gesicht gerichtet wird. So angeregt, machen viele Babys ihre ersten Atemzüge und können wieder zur Mutter gelegt werden. Einige – verhältnismäßig wenige – brauchen intensivere Hilfe. Dazu beatmet man die Lungen mit Hilfe einer Gesichtsmaske, die fest über Mund und Nase sitzt. Ihr Baby kann auch durch einen Beatmungstubus animiert werden, der durch seinen Mund in die Luftröhre eingeführt wird.

Die meisten Babys, die eine Anlaufhilfe zum Atmen brauchen, fangen bald an, ganz normal zu atmen. Auf jeden Fall können die besorgten Eltern sicher sein, daß man in der Klinik umgehend alles nur mögliche tut, damit die Atmung des Babys schnell und ausreichend in Gang kommt.

## *Kennzeichnung*

Bevor Ihr Baby den Kreißsaal verläßt, wird irgendeine Art von Erkennungszeichen an ihm befestigt. Meist ist das ein festes Band aus Kunststoff, das mit dem Namen oder einer Nummer versehen und am Hand- oder Fußgelenk befestigt wird. Während des Krankenhausaufenthaltes muß das Armband an Ihrem Baby bleiben. Zu Hause können Sie es dann entfernen.

## *Apgar-Test*

Ihr Baby wird unmittelbar nach der Geburt sorgfältig untersucht. Diese Neugeborenen-Erstuntersuchung (U 1) ist der

Apgar-Test. Er dient dazu, den Gesundheitszustand des Säuglings festzustellen und zu klären, ob besondere Maßnahmen ergriffen werden müssen. Es werden zwei Tests durchgeführt, eine Minute und fünf bis zehn Minuten nach der Entbindung, wobei Herzschlag, Atmung, Muskelspannung (Muskeltonus), Reflexe und die Färbung der Haut  überprüft und im Vorsorge-Heft registriert werden. Der Test wurde 1953 von Dr. Virginia Apgar, einer Anästhesistin, entwickelt. Die fünf Bereiche, die der Arzt oder die Hebamme kontrolliert, sind im einzelnen:

1. Hautfarbe: Sie vermittelt den Medizinern einen Eindruck, wie leistungsfähig die Lungen arbeiten und ob eine ausreichende Anreicherung des Blutes mit Sauerstoff stattfindet.
2. Puls (Herzschlag): Durch Messung des Pulses werden die Stärke und Regelmäßigkeit der Herzkontraktionen ermittelt.
3. Reflexe (Reaktion auf einen Nasenkatheter): Dieser Test zeigt, wie empfänglich Ihr Baby für Reize ist.
4. Aktivität (Bewegungen): Die Mediziner erhalten dadurch einen guten Eindruck von der Gesundheit und dem Muskeltonus Ihres Babys.
5. Atmung: Sie zeigt die Gesundheit und den Entwicklungsstand der Lungen Ihres Babys an.

**Testbewertung:** Der Apgar-Test arbeitet mit einem Punktesystem (Anzahl der Punkte in Klammern).
- Hautfarbe (rosa 2, bläuliche Extremitäten 1, blau 0)
- Herzschlag (über 100 Schläge in der Minute 2, darunter 1, nicht feststellbar 0)
- Reflexreaktionen (schreit 2, wimmert 1, keine 0)
- Bewegungen (aktiv 2, einige 1, schlaff 0)
- Atmung (regelmäßig 2, unregelmäßig 1, nicht feststellbar 0)

Je höher die Punktzahl ist, die das Baby erreicht, desto lebensfrischer ist es (Lebensfrische ist der Fachausdruck). Erhält das Baby mehr als sieben Punkte, bedeutet das, daß sein Allgemeinzustand gut ist. Weniger als vier zeigt eine Notsituation an. Eventuell muß das Baby sofort reanimiert werden. Beim zweiten Test kann die Punktzahl durchaus im Normalbereich liegen. Das Baby hatte dann wahrscheinlich nur ein kleines Problem damit, sich den neuen Gegebenheiten außerhalb des Mutterleibs zügig anzupassen. Fast alle Babys, die zu Beginn eine besorgniserregend niedrige Punktzahl hatten, entwickeln sich normal und gesund.

## Weitere Untersuchungen und Tests

Kurz nach der Geburt wird zusätzlich zum Apgar-Test Ihr Baby durch den Arzt oder die Hebamme untersucht, um den Allgemeinzustand zu prüfen. Der Arzt untersucht, ob der Gesichtsausdruck des Babys und seine Körperproportionen normal sind. Er wird es umdrehen, um festzustellen, ob der Rücken in Ordnung ist (zum Beispiel keine *Spina bifida*, eine angeborene Spaltbildung der Wirbelsäule, vorliegt). Durch Austasten des Mundes prüft er, ob eine Fehlbildung des Gaumens feststellbar ist, zum Beispiel eine Gaumenspalte. Po und Beine werden ebenso wie Finger und Zehen untersucht. Es wird Blut aus der Nabelarterie oder der Ferse entnommen und analysiert, um es auf den Sauerstoffgehalt des Blutes, eine mögliche Unterzuckerung und einiges mehr zu testen. Ihr Baby wird gewogen. Dann wird die Temperatur im Po gemessen, und das Baby wird, falls nötig, gewärmt. Diese Erstuntersuchungen dauern bei einem erfahrenen Arzt nur einige Minuten.

## *Die Neugeborenen-Basisuntersuchung*

Zwischen dem dritten und zehnten Lebenstag erfolgt die Basisuntersuchung (U 2). Diese sehr gründliche, nach einem bestimmten Schema ablaufende Untersuchung findet also statt, wenn Ihr Baby und Sie schon etwas zur Ruhe gekommen sind. Falls Sie beide sich noch im Krankenhaus befinden, wird die Untersuchung dort vorgenommen. Falls Sie schon zu Hause sind, müssen Sie unbedingt für die Einhaltung dieses Vorsorgetermins und die Eintragung der Untersuchungsergebnisse in das Vorsorge-Heft sorgen. Bringen Sie oder eine Person Ihres Vertrauens das Kind zu einem niedergelassenen, erfahrenen Kinderarzt.

Nach Möglichkeit sollten Sie – und auch Ihr Partner – persönlich anwesend sein. Das gibt Ihnen Gelegenheit, dem Arzt Fragen zu stellen. Ihre Anwesenheit wirkt außerdem mit Sicherheit beruhigend auf Ihr Baby. Zu den umfangreichen Basisuntersuchungen gehören zum Beispiel:

**Kopf und Nacken:** Der Arzt prüft, ob der Kopf irgendwelche Verformungen aufweist, die zum Beispiel beim Passieren des Geburtskanals während der Geburt entstehen können. Er untersucht die Schädelknochen, die Fontanellen sowie Augen, Ohren, Nase und Mund Ihres Babys. Den Hals des Babys kontrolliert er auf Zysten oder Schwellungen. Generell achtet er auf mögliche Anomalien.

Obwohl fast alle Babys ohne Zähne auf die Welt kommen, prüft der Kinderarzt, ob welche vorhanden sind. Ist das der Fall und findet er Zähne, die lose sind oder in einem ungewöhnlichen Winkel durchbrechen, werden sie in der Regel entfernt, um zu verhindern, daß sie ausfallen und vom Baby verschluckt werden.

**Brustkorb und Herz:** Der Arzt wird mit einem Stethoskop Herz und Lungen abhören. Er prüft so, ob die Lungen ausreichend gedehnt sind und richtig arbeiten. Geräusche, die man gleich nach der Geburt gehört hat, sind in der Regel jetzt verschwunden. Manche Babys haben in den ersten zwei oder drei Lebenstagen ein sogenanntes Herzgeräusch. Wird dies von Ihrem Arzt erwähnt, beunruhigen Sie sich nicht, denn es verschwindet meist sehr schnell von allein. Sollte es ernsthafterer Natur sein, wird der Kinderarzt weitere Untersuchungen und entsprechende Behandlungsmaßnahmen einleiten.

**Brust:** Vergrößerungen oder Schwellungen der Brustdrüsen kommen bei voll ausgetragenen Babys beiderlei Geschlechts sehr häufig und mehr oder weniger stark ausgeprägt vor. Sie können bis zu zwei oder drei Tage nach der Geburt andauern und mit der Absonderung einer milchartigen Flüssigkeit – Hexenmilch genannt – einhergehen. Das ist nichts Ernsthaftes und bedarf keiner Behandlung. Diese Erscheinungen hängen mit der eigenen hormonellen Tätigkeit des Säuglings nach dem Entzug des mütterlichen Östrogens zusammen.

**Arme und Hände:** An jedem Arm wird der Puls gefühlt und eine Untersuchung auf normale Bewegungsfähigkeit und Kraft gemacht. Sie werden bemerken, daß der Arzt die Finger Ihres Babys und die Falten der Handflächen untersucht. Fast alle Babys haben zwei Hauptlinien in jeder Handfläche. Eine einzelne Falte gibt dem Arzt einen Hinweis, nach anderen körperlichen Anomalien zu schauen. Diese werden dann untersucht.

**Bauch und Genitalien:** Hier führt der Kinderarzt eine ganze Reihe von Untersuchungen durch:
- Er klopft sanft die Bauchdecke ab (palpieren genannt), um den Zustand der Leber und Milz zu untersuchen und sicher-

zugehen, daß die Organe keine Risse aufweisen. Beide Organe können bei einem Neugeborenen leicht vergrößert sein.

- Bei einem Jungen untersucht der Kinderarzt die Hoden, um festzustellen, ob die Hoden in den Hodensack gewandert sind. (Während der Entwicklung im Mutterleib bilden sich die Hoden im Bauchraum und wandern bis zur Geburt langsam nach unten in den Hodensack.)
- Bei einem Mädchen werden die Genitalien untersucht, um zu sehen, ob die Schamlippen nicht zusammengewachsen sind und die Klitoris normal groß ist. Ein Mädchen kann etwas weißen Ausfluß haben, der nach ein paar Tagen leicht blutig sein kann, sobald der Hormonspiegel des Babys fällt.
- In der Leistengegend wird der Puls gefühlt.
- Er wird den unteren Teil der Wirbelsäule und den After anschauen und prüfen, ob ein angeborener Defekt vorliegt, eine Öffnung, die geschlossen werden muß, und ob der After einwandfrei ist. Eventuell kann ein kleines Grübchen über der Wirbelsäule direkt hinter dem After vorhanden sein. Das ist harmlos und nicht behandlungsbedürftig.

**Hüfte:** Viele Kinder kommen mit einer noch nicht voll ausgereiften Hüfte auf die Welt. Diese Entwicklungsverzögerung holen sie meist innerhalb weniger Wochen auf. Einer Behandlung bedarf es zum Beispiel, wenn die Hüftgelenkspfanne noch so unvollkommen ausgeformt ist, daß der kugelige Oberschenkelkopf nicht optimal in der Pfanne sitzt. Mit speziellen Griffen wird der Arzt prüfen, ob bei Ihrem Baby die Beweglichkeit der Hüfte eingeschränkt ist oder ob irgendeine andere Hüftgelenkstörung (Hüftdysplasie) vorliegt. Außerdem wird der Arzt ein Hüftsonogramm machen, denn dank dieser Ultraschalluntersuchung kann man Ausprägung und Art der Hüftdysplasie eindeutig diagnostizieren. Bei der Geburt vorhandene Hüftgelenkstörungen können in den meisten Fällen in den ersten Lebenswochen erfolgreich behandelt werden. Die Untersuchung der Hüfte ist für das Baby nicht schmerzhaft, obwohl es vielleicht schreit, weil es sich durch das Hin- und Herbewegen der Beine gestört fühlt.

**Beine und Füße:** Der Kinderarzt prüft, ob die Beine und Füße Ihres Babys gleich lang und gleich groß sind. Anhand der Fußstellung, zum Beispiel einer nach innen gedrehten und stark verkrümmten Fußsohle, kann der Arzt erkennen, ob bei Ihrem Baby eine angeborene Fehlbildung des Fußes vorliegt (Klumpfuß). Fußmißbildungen werden dann durch Bewegungsübungen oder das Anlegen eines Gipses behandelt. Angezogene Beine sind normal. Viele Neugeborene liegen zunächst noch in der »zusammengerollten« Position, die sie im Mutterleib ja lange Zeit eingenommen hatten. Es kann einige Zeit dauern, bis sie sich strecken.

**Nerven und Muskeln:** Die Nerven und Muskeln Ihres Babys werden begutachtet, indem mit den Armen und Beinen eine Reihe von Bewegungen ausgeführt werden. Dabei wird geprüft, ob sie nicht zu steif oder zu weich sind.
- Die Kontrolle des Babys über seine Kopfbewegungen und seine Kopfhaltung wird geprüft.
- Die Prüfung der Reflexe – Saugen, Greifen, Laufen, Stellen und des Moro-Reflexes (siehe auch Abschnitt »Reflexe«) gibt Auskunft über die Normalität seines Nervensystems.

**Bluttest:** Ein Suchtest auf angeborene Stoffwechsel- und Hormonstörungen wird häufig im Rahmen der Basisuntersuchung durchgeführt. Mitunter wird er separat vorgenommen, da der Test – unter anderem – nicht zu früh liegen darf, weil ihm sonst die gewünschte Aussagekraft fehlt. Als empfehlenswert für die Blutabnahme (aus der Ferse des Babys) und die Analyse gilt

# *Andrea*

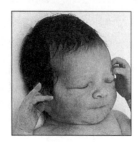

**Geboren:**
vier Tage nach dem errechneten Geburtstermin
**Gewicht:** 3250 g
**Allgemeinzustand:** hatte einen langsamen »Start«;
brauchte etwas Sauerstoff
**Wehentätigkeit der Mutter:** dauerte 15 Stunden;
länger, als die Mutter erwartet hatte
**Nahrung:** Flasche

*»Sie ist unser viertes Kind. Ich habe bereits drei Jungen. Ich wollte vier Kinder, und es hätte mir nichts ausgemacht, wenn es wieder ein Junge gewesen wäre.«*

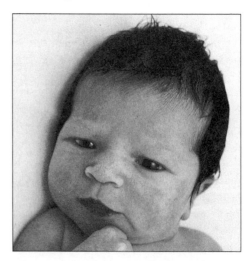

## Der erste Tag

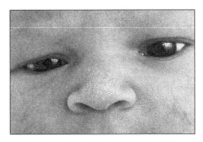

*»Nachdem sie geboren war, blieb*
*sie fast vier Stunden wach –*
*schaute sich nur um und weinte*
*nicht. Darüber war ich erstaunt.«*

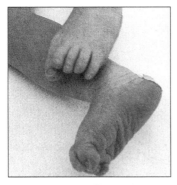

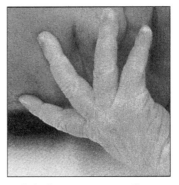

*»Sie war vom Kopf bis zu den*
*Füßen in Ordnung. Mich über-*
*raschte nur, daß es ein Mädchen*
*war. Ich hatte gedacht, ich könnte*
*ausschließlich Jungen bekommen.«*

*»Ich denke, mein Mann wollte*
*gern ein Mädchen. Die ersten*
*Wochen behandelte er sie, als sei*
*sie aus Porzellan – er übertrieb*
*seine Fürsorge etwas.«*

## Der zehnte Tag

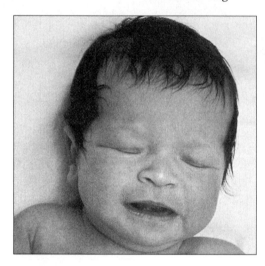

*»Bei der Geburt und auch heute hat sie sehr viele Haare. Alle sagten, sie würden ausfallen, was ich bestritt. Sie fielen nicht aus!«*

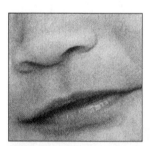

*»Sie sah gleich von Anfang an niedlich und mädchenhaft aus. Sie hatte eine sehr glatte Haut.«*

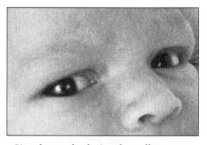

*»Sie schaut, als ob sie schon alles verstehen könnte.«*

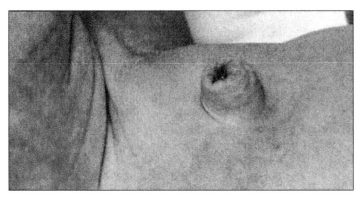

*»Den Nabelbruch bemerkten wir zuerst gar nicht. Der Arzt meint, daß er sich von selbst gibt und nicht operiert werden muß.«*

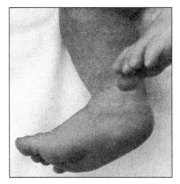

*»Sie kann schon ganz schön kräftig strampeln.«*

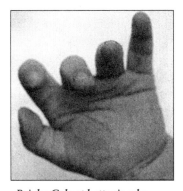

*»Bei der Geburt hatte sie sehr scharfe Nägel, und sie war mit Kratzern bedeckt.«*

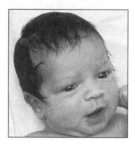

*»Sie schläft gut, ißt gut
und ist sehr zufrieden.«*

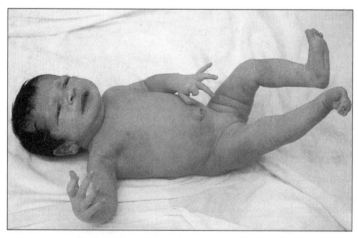

*»Sie hat sehr schnell an Gewicht zugenommen. Sie ist ein sehr lautes Baby,
das gurgelnde Geräusche macht und hellwach ist. Sie mag die Unruhe,
die ihre drei Brüder verbreiten.«*

der fünfte Lebenstag. Dieser Bluttest hilft, verschiedene folgen-
schwere Störungen im Stoffwechsel- und Hormonhaushalt des
Babys frühzeitig zu erkennen und erfolgreich zu behandeln.
Dazu gehören: Zucker-Stoffwechselerkrankung (Galaktosämie),
Phenylketonurie (PKU), eine seltene Stoffwechselkrankheit, die
geistige Behinderung verursacht, und die Unterfunktion der
Schilddrüse (Hypothyreose).

## Die Entlassung aus dem Krankenhaus

Wann Sie und das Baby nach Hause gehen, wird unterschiedlich gehandhabt. Doch ganz gleich, ob Sie nach zwölf Stunden
oder sechs Tagen aus dem Krankenhaus entlassen werden, Ihr
Baby wird auf jeden Fall vorher noch gründlich von einem
Kinderarzt untersucht, um sicherzustellen, daß alles in Ordnung ist. Ihr Arzt oder die Hebamme wird feststellen, ob es gut
trinkt (oder versucht zu trinken, falls Sie nur einen Tag im
Krankenhaus sind), und daß seine Ausscheidungen normal
sind.

## Erste Pflege für die Mutter

Sofort nach der Geburt wird man Ihre Temperatur sowie Ihren
Puls und Blutdruck messen. Am ersten Tag geschieht dies dann
im Abstand von wenigen Stunden, dann zweimal täglich während des restlichen Krankenhausaufenthaltes bzw. während
der ersten sieben bis zehn Tage zu Hause. Kleinere Tempera-
turschwankungen sind möglich. Temperatur und Puls können
am dritten oder vierten Tag nach der Geburt ansteigen, weil
die Milch einschießt.

Ärzte und Krankenschwestern achten darauf, ob die Wunden, die durch Risse oder einen Dammschnitt entstanden sind,
gut verheilen und es keine Infektion gibt. Und sie raten Ihnen,
was Sie tun können gegen Schmerzen im Wundbereich oder bei
Nachwehen, die in den ersten Tagen durch die Rückbildung
der Uterusmuskulatur auftreten und mitunter recht schmerzhaft sind.

### Im Wochenbett

Die Menge und das Aussehen des Wochenflusses, des blutigen
Ausflusses nach der Geburt, wird regelmäßig untersucht. Man
will sichergehen, daß sich weder ungewöhnliche Blutklumpen
darin befinden noch die Blutung zu stark ist. Der Zustand der
Gebärmutter sowie des Gebärmuttermundes wird daraufhin
geprüft, ob sie anfangen, wieder in den vorschwangerschaftli-
chen Zustand zurückzukehren.

Ihr Arzt wird Sie auf Thromboseanzeichen untersuchen und
Ihren allgemeinen psychischen Zustand begutachten. Routinemäßig werden am vierten oder fünften Tag nach der Entbindung
Bluttests gemacht, um festzustellen, ob Ihr Hämoglobinspiegel
wieder normal wird.

**Wasserlassen:** Die Schwestern wollen wissen, ob Sie regelmäßig Wasser lassen und ob Sie wenigstens einmal, bevor Sie aus dem Krankenhaus gehen, Stuhlgang hatten. Manchmal, besonders nach einer langen oder schwierigen Wehentätigkeit, vor allem wenn eine Geburtszange benutzt wurde, könnten Sie infolge von Blutergüssen in der Blasengegend Schwierigkeiten beim Wasserlassen haben. Um Sie zum Urinieren zu animieren, wird man erst einmal einfach den Wasserhahn aufdrehen, was etwa bei achtzig Prozent aller Frauen hilft. Als letzter Ausweg wird zum Katheter gegriffen.

**Verdauung:** Viele Frauen leiden nach der Entbindung unter leichter Verstopfung, weil sie eine Menge Körperflüssigkeit verloren haben und der Mastdarm so viel Flüssigkeit wie möglich aus dem Stuhl resorbiert, um die Körperflüssigkeit wieder auszugleichen. Deshalb werden Ihnen die Schwestern wahrscheinlich ein leichtes Mittel auf Zellulosebasis geben, das Wasser an den Stuhl bindet, um ihn weicher zu machen. Hatten Sie einen Dammschnitt, können die Stiche der Naht eine natürliche Zurückhaltung beim Pressen hervorrufen. Eventuell muß Ihnen neben ballaststoffreicher Nahrung ein zusätzliches Medikament verschrieben werden, um den Stuhlgang regelmäßig zu halten.

**Bewegung:** Frischgebackene Mütter sollten so bald wie möglich nach der Entbindung aufstehen, um einer Thrombose vorzubeugen. Außerdem gewinnen sie dadurch ihre Kraft schneller zurück, und die Funktionen des Magen-Darm-Trakts sowie der Blase werden angeregt. Wahrscheinlich werden Sie in den ersten sechs Stunden im Bett bleiben. Danach wird man Ihnen erlauben, auf die Toilette zu gehen, zu duschen oder umherzulaufen. Auch mit der Wochenbettgymnastik sollten Sie nicht lange warten. Sie regt nicht nur den Kreislauf an, sondern hilft vor allem bei der Festigung der überdehnten Bauch- und Bekkenbodenmuskulatur. Fachkundige Anleitung, zum Beispiel in einem Kurs, ist zu empfehlen.

## Nach dem Kaiserschnitt

Unabhängig von der Narkoseform, die für den Kaiserschnitt gewählt wurde, werden Sie sich nach diesem geburtshilflichen Eingriff müde und abgeschlagen fühlen. Sicherlich haben Sie einen intravenösen Tropf an Ihrem Arm und bekommen Schmerzmittel, damit Sie etwas schlafen können. Dabei handelt es sich um Mittel, die nicht in die Vormilch übergehen. Sie werden frei von Medikamenten sein, wenn die Milch einschießt.

**Die Narbe:** Sie wird nach dem Eingriff mit einem weichen Verband bedeckt sein. Dank des »Bikinischnitts« knapp über dem Schambein steht dem Tragen eines raffinierten »Zweiteilers« später nichts im Wege. In der Regel verheilt die Narbe so gut, daß man später nur einen feinen Strich sieht.

**Kreislauf:** Zur Verbesserung Ihres Kreislaufs sollten Sie im Bett aufrecht sitzen (Kopfteil hochstellen) und häufig tiefe Atemzüge machen. Und Sie müssen – wie nach jeder Operation – Füße und Beine bewegen. Sie können das im Bett tun, indem Sie die Fußgelenke einige Male stark beugen und strecken, die Füße kreisen lassen und abwechselnd die Beine anziehen. Fragen Sie den Arzt, wann Sie mit der Wochenbettgymnastik anfangen können.

Nach einem Kaiserschnitt bleiben Sie etwa eine Woche bis zehn Tage im Krankenhaus.

## Entlassung aus dem Krankenhaus

Die Entlassungsroutine ist von Krankenhaus zu Krankenhaus verschieden. Einige Frauen gehen sehr bald nach der Geburt, andere bleiben über eine Woche dort. Sie können auch nur für die Geburt in das Krankenhaus gehen. Entscheiden Sie das vor der Entbindung und teilen Sie es dem Krankenhauspersonal mit, zum Beispiel bei den Voruntersuchungen.

Bevor Sie entlassen werden, wird Sie ein Arzt noch einmal gründlich untersuchen und einige Dinge mit Ihnen besprechen:

- Der Arzt wird unter anderem nachsehen, ob Ihre Gebärmutter beginnt, sich zurückzubilden, ob eventuell vorhandene Wunden einwandfrei heilen.
- Er schaut nach, ob Ihre Brust in Ordnung ist.
- Er wird wissen wollen, ob Ihre Ausscheidungen normal sind.
- Der Wochenfluß wird auf Farbe und Menge untersucht, und es wird nachgesehen, ob Sie Blutklumpen ausgeschieden haben. Anhaltendes Bluten sowie Blutgerinnsel sind ein Anzeichen dafür, daß noch Gewebeteilchen der Plazenta in den Geburtswegen vorhanden sein können.
- Sie werden nach Ihren geplanten Verhütungsmaßnahmen gefragt und erhalten bei Bedarf ein Rezept. Sie sollten sich vor der Entbindung entschließen, welche Form von Verhütung Sie nach der Geburt anwenden wollen.
- Eventuell werden Sie gegen Röteln geimpft, wenn Sie nicht während der Schwangerschaft dagegen immun waren. Die Impfung hat keinerlei Einfluß auf Ihre Milch.
- Eine Kinderschwester oder die Hebamme zeigt Ihnen, wie Sie den Nabelschnurrest Ihres Babys reinigen, solange er noch nicht abgefallen ist.
- Man wird Ihnen das Vorsorge-Heft Ihres Kindes übergeben

und Ihnen den Rat geben, alle Vorsorgetermine im Interesse
Ihres Kindes sorgfältig einzuhalten.

- Man wird Sie darauf aufmerksam machen, daß Sie nach
sechs bis acht Wochen eine Abschlußuntersuchung von Ihrem Frauenarzt oder Ihrer Frauenärztin durchführen lassen
sollten.

### Betreuung zu Hause

Falls Sie eine ambulante Geburt oder eine Hausgeburt hatten,
wird Sie die Hebamme etwa zehn Tage lang zu Hause besuchen. Das Wichtigste an einer Hebamme ist, daß man ihren
Rat einholen kann. Sie hilft gern, und schon ein kurzes Ge-
spräch mit ihr wird Sie aufmuntern und Ihnen gute Ratschläge
vermitteln. Ich erinnere mich noch daran, wie ich die Hebamme anrief, als mein erster Sohn geboren und ich besorgt
über seinen flüssigen Stuhlgang war. Sie war ziemlich erstaunt
und sagte: »Sie sind doch Ärztin, sicherlich brauchen Sie meine
Hilfe gar nicht.« Natürlich hatte ich sie nötig. Denn ich war
zwar Ärztin, aber auch gleichzeitig eine frischgebackene Mutter, und ich hatte ganz genau die gleichen Sorgen, die jede Frau
hat, die gerade zum ersten Mal Mutter geworden ist.

### Geburtsurkunde

Per Gesetz muß jede Geburt innerhalb von zehn Tagen beim
Standesamt registriert werden. Entweder kann Ihnen das
Krankenhaus die Adresse des zuständigen Standesamts mittei-
len, oder eine zuständige Person kommt nach der Geburt bei
Ihnen auf der Station mit den nötigen Fragebogen vorbei. Es
wird nach Namen und Geschlecht des Kindes, Tag und Ort der
Geburt, Namen der Eltern, Konfession sowie dem Mädchen-
namen der Mutter gefragt. Wurde die Anmeldung in der Kli-

nik vorgenommen, erhalten Sie die Geburtsurkunde bei der Abmeldung aus dem Krankenhaus. Gegen eine Gebühr können Sie gleich mehrere Exemplare bestellen, was nützlich ist, da Sie diese unter anderem zur Vorlage bei der Krankenkasse und dem Arbeitsamt (Kindergeldantrag) brauchen.

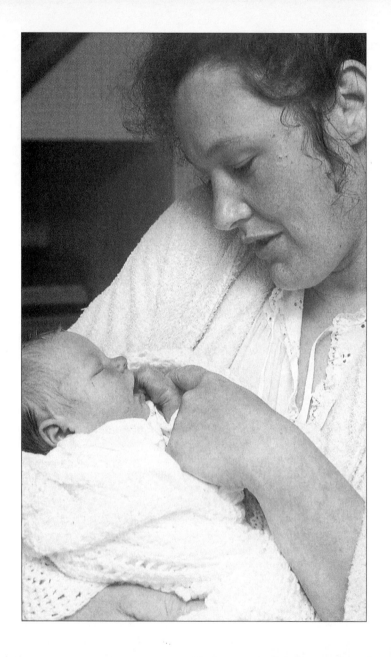

# 4.

# Sie sind Mama!

Nachdem Ihr Baby da ist und die ursprüngliche Euphorie und Aufregung etwas verflogen sind, stellen Sie plötzlich fest, wie Sie sich wirklich fühlen. Nach der Geburt eines Kindes muß eine Frau mit einigen körperlichen und emotionalen Veränderungen zurechtkommen. Naturgemäß hängen einige mit den starken hormonellen Schwankungen zusammen. Schließlich werden Ihnen alle Schwangerschaftshormone plötzlich entzogen. Andere Veränderungen sind Folgen des Geburtsvorgangs. Nicht unterschätzen darf man den emotionalen Bereich: Sie haben ein Baby und damit ein neues Familienmitglied. Während viele der körperlichen Veränderungen ziemlich schnell verlaufen, dauert es – vor allem wenn Sie stillen – mindestens neun Monate, bis Sie sich selbst wieder völlig »normal« fühlen. Vier bis sechs Wochen wird das Wochenbett dauern – so wird die Zeit nach der Geburt genannt –, in welcher der Körper zu seinem normalen, nicht schwangeren Zustand zurückkehrt. Während der ersten Tage nach der Geburt erfolgen die stärksten Veränderungen. Nach etwa einer Woche geht die Rückkehr zur Normalität gleichmäßig und weniger dramatisch vor sich.

## Dammschnitt

Hat der Arzt bei Ihnen einen Dammschnitt, also einen Schnitt in den Damm gemacht, um sein Einreißen während der Geburt zu verhindern, oder falls der Damm eingerissen ist, wird die Wunde nach der Geburt unter örtlicher Betäubung zugenäht. Die Wunde benötigt etwa sieben bis acht Tage, um zu heilen, und sie macht Ihnen zu schaffen. Doch Sie können einiges selbst tun, um Ihre Schmerzen zu lindern und die Wundheilung zu fördern.

Während der ersten fünf Tage nach der Entbindung tragen Sie am besten ständig ein Kissen mit sich, damit es stets griffbereit ist. Denn Sie sollten beim Sitzen stets ein Kissen unterlegen, weil es hilft, die Spannung der entzündeten Haut um die Naht herum zu mildern.

Um eine Infektion zu verhüten, ist es äußerst wichtig, die nachgeburtliche Dammhygiene richtig und sorgfältig zu betreiben. Machen Sie auf jeden Fall das Folgende:

- Benutzen Sie wenigstens alle vier bis sechs Stunden eine frische Binde, die gut befestigt sein sollte, so daß sie nicht verrutscht.
- Entfernen Sie die Binde von vorne nach hinten, um zu verhindern, daß Sie Bakterien vom After zur Vagina verschleppen.
- Gießen oder spritzen Sie nach dem Wasserlassen oder Stuhlgang warmes Wasser oder eine antiseptische Lösung über die Stelle, wenn es Ihr Arzt empfiehlt. Tupfen Sie die Naht mit Tupfern oder Papiertüchern trocken. Wischen Sie immer von vorne nach hinten.
- Finger weg von der Wunde, bis sie vollständig verheilt ist.
- Nehmen Sie warme Salzbäder oder machen Sie heiße Umschläge.

- Legen Sie einen sterilen Tupfer mit kühlender Hamamelissalbe auf.
- Benutzen Sie örtliche Betäubungsmittel in Form von Sprays, Cremes oder Tupfern oder milden Schmerzmitteln – aber nur, wenn es Ihr Arzt erlaubt.
- Liegen Sie auf der Seite. Vermeiden Sie es, lange Zeit zu stehen oder in der gleichen Position zu sitzen. Dadurch wird diese Stelle geringer beansprucht.
- Sitzen auf einem Kissen oder auf einem aufgeblasenen Gummiring sowie den Po anspannen, bevor Sie sich setzen, hilft ebenfalls.
- Machen Sie so oft wie möglich Ihre Beckenbodengymnastik, um die Durchblutung an dieser Stelle anzuregen. Das fördert die Heilung und verbessert den Muskeltonus.

## Wochenfluß

Wochenfluß (Lochien) ist der vaginale Ausfluß, der nach der Geburt von der Gebärmutter ausgeschieden wird. Direkt nach der Entbindung hat er eine hellrote Farbe. In den ersten Stunden nach der Geburt wird die Blutung die Stärke einer normalen Periodenblutung oder etwas mehr haben. Gelegentlich gehen auch einige kleinere Blutgerinnsel ab.

Der Wochenfluß bleibt in den ersten zwei oder drei Tagen rot und ändert sich dann langsam auf rötlichbraun, um schließlich am vierten oder fünften Tag braun zu werden. Wenn Sie aufstehen und anfangen, aktiver zu sein, kann sich die Farbe ändern und für kurze Zeit wieder rot sein. Das ist normal, und die Farbe wird sich nach einigen Stunden oder Tagen wieder zu Rosa oder Braun verändern.

**Dauer:** Es gibt keinen Standardwert, wie lange der Wochenfluß nach der Entbindung anhält. Bei manchen Frauen hört er nach vierzehn Tagen auf, bei anderen kann er bis zu sechs Wochen dauern. Im Durchschnitt dauert er einundzwanzig Tage. Häufig, vor allem, wenn das Baby gestillt wird, hört der Wochenfluß nach der ersten Periode auf, die etwa vier Wochen nach der Entbindung eintreten kann. Stärke und Farbe des Wochenflusses zeigen an, wie schnell der Uterus zu seinem normalen Zustand und Größe zurückkehrt. Je schneller sich die Gebärmutter verändert, desto schneller wird der Wochenfluß braun werden und ganz verschwinden.

**Pflege:** Sie müssen Binden benutzen, da Tampons erst wieder sechs Wochen nach der Geburt erlaubt sind. Binden werden häufig vom Krankenhaus gestellt. Das sollten Sie aber vorher in Erfahrung bringen. Für den Wochenfluß können Sie spezielle Binden kaufen oder die stärkste Größe der üblichen Binden nehmen.

## Ihre Brust

Direkt nach der Geburt oder in den ersten vierundzwanzig Stunden wird es keine auffallenden Veränderungen geben. Die Brustdrüsen geben Kolostrum ab, bevor die eigentliche Milch einschießt. Diese gelbe Flüssigkeit, die man auch Vormilch nennt, ist eine ideale Nahrung für Neugeborene, obgleich sie Ihnen vielleicht dünn, klar und ohne Substanz erscheint.

Ein frühes Anlegen des Babys an die Brust bringt den Milchfluß in Gang. Ab dem zweiten Tag nach der Entbindung kann die Milch einschießen, und Ihre Brüste werden fester und schwerer. Am dritten Tag beginnen die Brustdrüsen meist, Milch in ausreichender Menge zu produzieren. Ihre Brüste können sehr fest und sogar sehr schmerzempfindlich werden. Mit Sicher-

*Nach der Geburt werden Sie wahrscheinlich sehr empfindsam sein. Die meisten Mütter sind müde, aber auch hingerissen von ihrem neuen Baby, und fühlen eine unglaubliche Freude und Erleichterung, daß ihr Baby endlich da ist.*

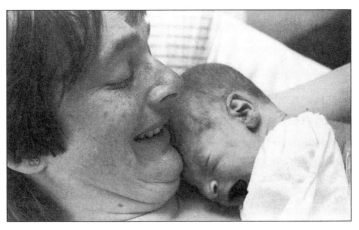

*Ihr Baby ist nach der Geburt müde. Machen Sie sich keine Gedanken, wenn es schreit und nicht so auf Sie reagiert, wie Sie es sich vielleicht vorgestellt haben.*

heit nehmen sie bedeutend an Größe zu. Sie sollten einen guten Stützbüstenhalter tragen. Falls Sie stillen, lohnt sich die Anschaffung einiger Stillbüstenhalter.

Sollten Sie nicht stillen, wird man Ihnen eine Tablette oder Spritze geben, um die Milchproduktion zu beenden.

## Ihr Gewicht

Nach der Geburt werden Sie durchschnittlich etwa sechs bis sieben Kilogramm Gewicht verloren haben, bestehend aus dem Baby, der Plazenta, dem Fruchtwasser und etwas Blut, das in Ihrem Körper zusätzlich zirkulierte. Sie verlieren weiter an Gewicht, wenn die Gebärmutter in den zwei Wochen nach der Entbindung in ihren Normalzustand zurückkehrt.

Erwarten Sie bitte nicht, daß Ihnen in den ersten Tagen nach der Entbindung Ihre alten Kleider passen werden. Ihr Bauch wird tagelang, wenn nicht wochenlang, überdehnt und wabbelig sein. Wochenbettgymnastik und eine gesunde Ernährung verhelfen den meisten Frauen Schritt um Schritt zu ihrer ursprünglichen Figur.

## Schlaflosigkeit

Vielleicht stellen Sie fest, daß Sie in den ersten Tagen nach der Geburt schlecht schlafen. Die Aufregung und die Anstrengungen während der Wehentätigkeit und Geburt, die Beschäftigung mit dem Baby und die Veränderungen, die in Ihrem Körper vorgehen, summieren sich und können Sie aus der Bahn werfen. Fragen Sie die Schwester oder die Hebamme um Rat, was Sie gegen die Schlaflosigkeit tun können. Auf keinen Fall dürfen Sie eigenmächtig irgendwelche Schlafmittel einnehmen.

## Ihr Verdauungssystem

Betäubungsmittel, die Ihnen während der Geburt gegeben wurden, ebenso wie eine Dammnaht können Ihre Fähigkeit, die Blase zu entleeren, beeinträchtigen. Häufig können Sie nicht feststellen, ob die Blase voll oder vollständig entleert ist. Spannen und entspannen Sie die Beckenbodenmuskulatur alle fünfzehn bis zwanzig Minuten jeweils fünfmal, um das Wasserlassen in Gang zu bringen und um zu verhindern, daß man Ihnen einen Katheter legt.

Eventuell haben Sie erst einige Tage nach der Geburt wieder Stuhlgang, vor allem wenn Sie nur wenig gegessen hatten, als die Wehen einsetzten. Vielleicht unterdrücken Sie ja auch die Darmtätigkeit, weil Sie einen Dammschnitt hatten und sich vor möglichen Schmerzen beim Stuhlgang fürchten.

Trinken Sie soviel Flüssigkeit wie möglich, essen Sie viel frisches Obst und wenn möglich Vollkornmüsli, um Verstopfung zu vermeiden.

## Ihre Haut und Haare

Manchmal bemerken Sie bräunliche oder rötliche Streifen auf Ihrem Bauch, der Brust, dem Po oder den Oberschenkeln. Diese Schwangerschaftsstreifen (*Striae*) werden nach vier bis sechs Monaten kleiner und schwächer, aber es bleiben perlweiße Markierungen zurück. Andererseits wird jede verstärkte Pigmentbildung, die während der Schwangerschaft entstand, weggehen, ebenso wie alle Gefäßerweiterungen, die unter Ihrer Haut erschienen sind.

## Ihre Gefühle

Ein Kind zu bekommen ist ein herrliches Gefühl. Viele Mütter finden es einfach überwältigend. Manche Frauen sind jedoch so erschöpft und wollen nur schlafen. Zum Feiern haben sie absolut keine Lust. Keine Sorge, falls Sie dazu gehören. Die Veränderungen in Ihrem Hormonhaushalt bewirken, daß Sie sich müde und depressiv fühlen. Fast alle Frauen leiden bis zu einem gewissen Grad unter diesen Gefühlen, die auch auf den anstehenden Veränderungen im Alltag, dem Druck der neuen Verpflichtungen, der Aufregung über das neue Baby und dem Mangel an Schlaf beruhen. Wundern Sie sich also nicht, wenn die überströmenden Glücksgefühle sich nicht sofort einstellen oder Sie vielleicht sogar erst einmal wenig Interesse an Ihrem Baby zeigen. Solche Gefühle sind normal und haben nichts mit mangelnder Mutterliebe zu tun. Sorgen Sie dafür, daß Sie für sich selbst so viel Zeit haben, wie Sie brauchen.

### *Ihre Verstimmungen*

Nach dem hohen Hormonspiegel im Blut während der Schwangerschaft versetzt sein enormes Absinken Frauen häufig in weinerliche, launische, besorgte, reizbare und depressive Stimmung.

*Die Geburt von Zwillingen kann überwältigend sein, auch wenn Sie darauf vorbereitet waren. Die Tatsache, daß da zwei Babys sind, die gefüttert und gewickelt werden müssen sowie Aufmerksamkeit brauchen, kann zu Anfang sehr schwierig sein. Sie müssen sich einen Zeitplan machen, um sicherzustellen, daß beide Babys versorgt werden und Sie noch genug Zeit für sich selbst haben. Wahrscheinlich brauchen Sie in den ersten Tagen besondere Hilfe, bis Sie eine tägliche Routine erlangt haben.*
*Ihre Hebamme oder Ihr Arzt kann Ihnen Tips geben und Ihnen helfen, Verbindungen zu Organisationen aufzunehmen, die spezielle Hilfe und Ratschläge anbieten.*

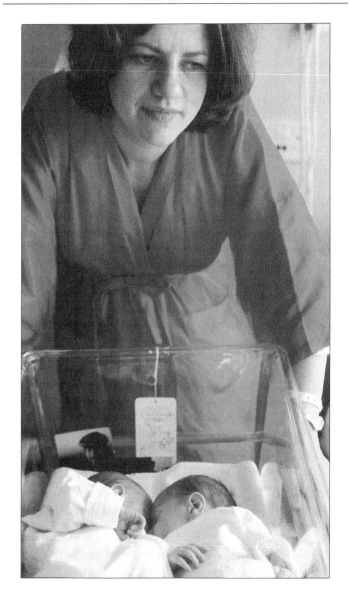

Ungefähr die Hälfte der frischgebackenen Mütter leidet unter
dieser Art von depressiven Erscheinungen. Doch das sollte Sie
nicht beunruhigen, die sogenannten Heultage sind völlig normal.

**Ärztlicher Rat:** Die Verstimmungen und Stimmungsschwan-
kungen dauern meist nicht länger als eine Woche. Sollten Ihr
Unglücklichsein und die Traurigkeit länger andauern, sprechen Sie mit Ihrem Arzt darüber, denn je länger eine postnatale
(nachgeburtliche) Depression anhält, desto schwieriger wird
es, sie zu behandeln. Haben Sie eine schwere Depression (was
sehr selten ist), die mehr als zwei Wochen anhält und von
Schlafstörungen und Appetitlosigkeit begleitet ist oder die erst
einige Wochen, nachdem das Baby geboren wurde, beginnt,
gehen Sie unbedingt zu Ihrem Arzt. Lassen Sie nicht zu, daß
diese Gefühle die Oberhand bekommen können, nur weil Sie
denken, sie würden von allein wieder vergehen.

## *Was Ihnen hilft*

Sie mögen es schwierig finden, mit Ihrem Neugeborenen umzugehen. Das Verantwortungsgefühl mag Sie überwältigen.
Wahrscheinlich sind Sie sehr müde, und Sie machen sich Sorgen, daß Sie nicht in der Lage sind, alles zu schaffen. Dadurch
werden Ihre depressiven Gefühle noch verstärkt. Hinzu kommt,
daß Sie einen Blutverlust hatten, auf den Ihr Körper reagiert,
was wiederum zu Ihrem Gefühl der Erschöpfung beiträgt. Sie
werden also nicht sehr leistungsfähig sein, sich schwach fühlen
und leicht ermüden. Denken Sie daran, es wird einige Wochen
dauern, bis Sie wieder bei Ihrem Normalzustand sind.

**Erschöpfung vermeiden:** Ihnen fallen die ersten Wochen nach der Geburt wesentlich leichter, wenn Sie versuchen, sich so wenig wie möglich zu verausgaben.

- Ruhen Sie ausreichend. Legen Sie sich hin, mit den Beinen hoch. Machen Sie die Ruhepausen zur festen Regel, und handeln Sie einen »Hilfsplan« mit Ihrem Partner und den Verwandten aus, damit Sie genügend Ruhe und Schlaf bekommen.
- Sie müssen nicht ständig schlafen, um ihre Kraft wiederzugewinnen. Allein schon Liegen und Ausruhen geben ihrem Herz und der Lunge sowie anderen lebensnotwendigen Organen die Möglichkeit, sich zu erholen.
- Spannen Sie Partner, Familie, Freunde und Bekannte ein, damit Sie während der ersten Tage jemanden haben, der Ihnen im Haushalt und mit dem neuen Baby hilft, damit Sie sich ausruhen können.

**Sich etwas Gutes tun:** Eine sich anbahnende Depression läßt sich am besten abwehren, indem Sie sich so schnell wie möglich nach der Geburt zusammenreißen. Sie können sich selbst dabei unterstützen: Duschen Sie sobald wie möglich nach der Geburt, waschen Sie Ihr Haare, wenn es Ihnen hilft, sich besser zu fühlen. Ziehen Sie eines Ihrer eigenen hübschen Nachthemden an (wenn Sie stillen, benutzen Sie eines, das vorne Knöpfe hat), und schminken Sie sich, wenn Sie das auch sonst tun. Nehmen Sie Bücher, Zeitschriften, ein Radio, Ihre Lieblingskassetten oder CDs, ja sogar einen Fernsehapparat mit ins Krankenhaus, um sich zu beschäftigen. Und verfahren Sie so auch zu Hause.

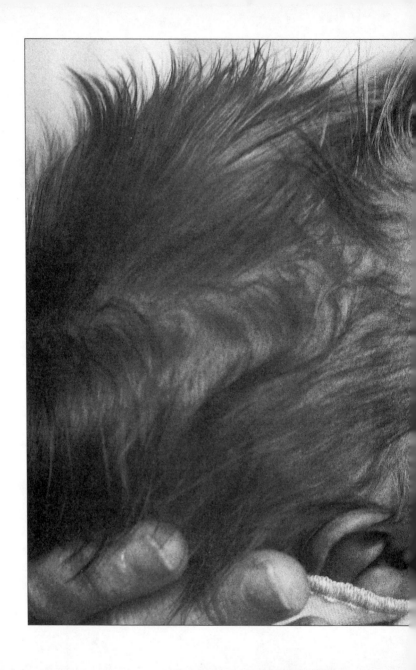

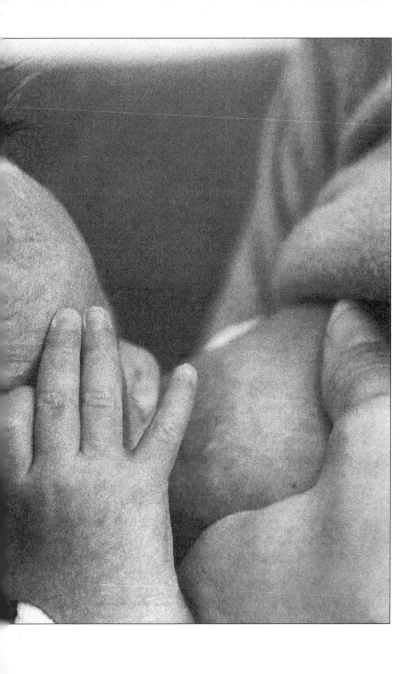

# 5.

# Füttern des Babys

Eventuell muß Ihr Baby häufiger gefüttert werden, als Sie sich das vorgestellt hatten. Während der ersten Tage müssen Sie auf die Nachfrage des Babys eingehen. In den ersten zweiundsiebzig Stunden wird es nichts nützen, wenn Sie versuchen, genau im Vierstundenrhythmus zu füttern – ganz gleich, was Ihnen die Schwestern erzählen. Wenn Sie den Bedürfnissen Ihres Babys folgen, stellen Sie vielleicht fest, daß es alle zwei bis zweieinhalb Stunden Nahrung zu sich nimmt. Das bedeutet acht bis zehn Mahlzeiten pro Tag. Aber etwa mit einem Monat wird Ihr Baby nur noch alle vier Stunden gefüttert werden wollen und nach drei Monaten sogar noch länger durchhalten. Jedes Baby hat jedoch seine eigenen Ansprüche und seinen eigenen Appetit.

Entscheiden Sie sich schon vor Geburtsbeginn, ob Sie stillen oder Fläschchen geben wollen, und geben Sie Ihre Entscheidung bei der Aufnahme ins Krankenhaus an. Das ist deshalb nötig, damit man Ihnen rechtzeitig Medikamente geben kann, um den Milchfluß zu stoppen, falls Sie sich entschlossen haben, die Flasche zu geben. Die Krankenschwestern werden Ihnen beim Füttern Ihres Babys mit Rat und Tat zur Seite stehen.

# Stillen

Es gibt eine Reihe guter Gründe zu stillen. Muttermilch ist die ideale Nahrung für Ihr Neugeborenes. Sie hat die richtige Menge an Nährstoffen, um Ihr Baby mit allem, was es braucht, zu versorgen. Zusätzlich enthält Muttermilch verschiedene Antikörper, die Ihr Baby vor Krankheiten wie Atemwegsinfektionen, Magen-Darm-Störungen und Erkältungen schützen. Muttermilch wird leicht verdaut und verursacht weniger Verdauungsschwierigkeiten und Durchfall als manche Säuglingsnahrung aus der Flasche.

**Vorteile für Sie:** Unabhängig von der Größe oder Form Ihrer Brüste werden Ihre Milchdrüsen in der Lage sein, genug Milch für Ihr Baby zu produzieren oder für beide, falls Sie Zwillinge haben. Stillen hilft Ihnen, schon in den ersten Tagen eine starke Beziehung zu Ihrem Baby aufzubauen. Sie können die Muttermilch abpumpen und in Fläschchen abfüllen, so daß der Vater die eine oder andere Mahlzeit dem Baby geben kann. Stillen führt auch dazu, daß Ihre Gebärmutter schneller zu ihrem vor-

*Muttermilch ist die beste Nahrung für Neugeborene. Sie enthält die ideale Menge an Nährstoffen und Antikörpern, um Ihr Kind vor bestimmten Infektionen und Krankheiten zu schützen. Sie ist leicht verdaulich, und gestillte Kinder leiden normalerweise nicht an Verstopfung.*
*Sie können Ihr Baby direkt nach der Geburt an die Brust legen. Diese körperliche Nähe hilft Ihnen, eine Bindung zu Ihrem Baby herzustellen. Zudem hilft das Saugen des Babys, die Milchproduktion anzuregen (die in der Regel am dritten Tag nach der Entbindung einsetzt).*
*Bevor die Milch einschießt, wird Ihr Baby nur die Vormilch (Kolostrum) zu sich nehmen. Sie enthält wertvolle Antikörper und schützt Ihr Kind vor Infektionen.*
*Durch die innige Nähe beim Stillen lernt Ihr Baby Sie sehr rasch kennen, und es wird Sie schon innerhalb ganz kurzer Zeit an Ihren Berührungen, Ihrer Stimme und Ihrem Geruch erkennen.*

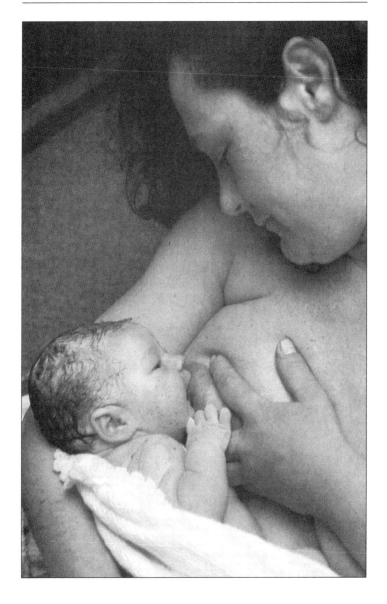

schwangerschaftlichen Zustand zurückkehrt, und schließlich »braucht es das Fett auf«, das Ihr Körper während der Schwangerschaft besonders an den Oberschenkeln und den Oberarmen angesammelt hat.

**Stillbeginn:** Das Stillen in den ersten Tagen wird in den Geburtskliniken unterschiedlich gehandhabt. In der Regel wird das Baby am ersten Tag viermal und am zweiten Tag fünf- bis sechsmal an die Brust gelegt. Sie sollten zunächst langsam, möglichst nur zwei bis drei Minuten, an jeder Brust beginnen, damit die Brüste abgehärtet werden. Wenn Ihr Baby am dritten Tag an die Brust gelegt wird, in der Regel alle vier Stunden, wird es die Milch absaugen, und Ihre Brüste werden weniger schmerzen und wund sein.

**Anlegen:** Helfen Sie dem Baby die ersten Male, die Brustwarze zu finden. Das Baby liegt in Ihrem Arm, das Köpfchen ruht in Ihrer Armbeuge und sein Mund befindet sich in Höhe Ihrer Brustwarze. Streicheln Sie zärtlich die Wange, die Ihrer Brust am nächsten liegt. Dies löst den Suchreflex aus, und Ihr Baby wird seinen Kopf zu Ihrer Brust drehen und den Mund weit aufsperren. Nach ein paar Tagen braucht Ihr Baby keinen Anreiz mehr. Es wird sofort an Ihrer Brust hängen, sobald Sie es nahe am Körper halten. Stellen Sie von Anfang an sicher, daß Sie die Brustwarze gut in den Mund des Babys bringen. Wenn das Baby nicht einen großen Teil des Warzenhofes miterfaßt, wird die Milch nicht erfolgreich herausgedrückt. Außerdem verringern Sie das Risiko, wunde Brustwarzen zu bekommen, wenn sich die Brustwarze immer gut im Mund des Säuglings befindet.

**Stilldauer:** Das Saugen Ihres Babys ist in den ersten fünf Minuten des Fütterns am stärksten, wobei das Baby achtzig Prozent

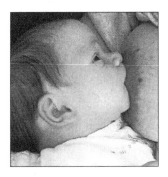

Machen Sie die Fütterzeiten so angenehm wie möglich. Sehen Sie Ihr Baby
an und nehmen Sie Augenkontakt auf.
Sitzen Sie nicht ruhig da, sondern
reden und plaudern Sie mit ihm, oder
singen Sie ihm etwas vor.

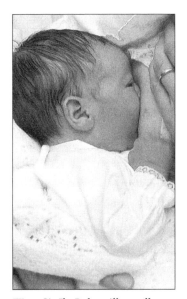

Wenn Sie Ihr Baby stillen, sollte
seine Nase nicht zu dicht an die
Brust gedrückt sein. Geschieht dies,
wird Ihr Baby nicht in der Lage
sein zu atmen und aufhören zu
trinken.

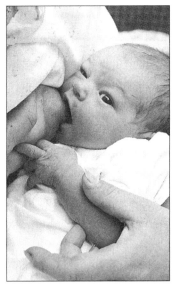

Achten Sie auch darauf, daß
Ihre Brustwarze weit genug
im Mund ist, so daß das Baby
daran saugen und ein Vakuum
mit seinem Mund erzeugen
kann.

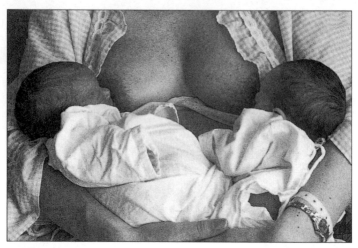

*Haben Sie Zwillinge, brauchen Sie beim Stillen wahrscheinlich Hilfe. Einige Mütter bevorzugen es, die Zwillinge einen nach dem anderen zu füttern, und wechseln die Brust, nachdem sie zur Hälfte gefüttert haben. Andere füttern lieber beide Babys auf einmal, jedes an einer Brust.*

seiner Nahrung zu sich nimmt. Lassen Sie Ihr Baby so lange an der Brust, wie es Interesse am Saugen hat, aber in der Regel nicht länger als zehn Minuten an jeder Seite. Wahrscheinlich wird Ihre Brust dann leer sein, und es genießt nur das Gefühl des Saugens. Eventuell stellen Sie fest, daß das Baby sein Interesse von ganz alleine verliert. Es kann anfangen, mit der Brust zu spielen, indem es die Brustwarze aus dem Mund fallen läßt und wieder packt, oder es dreht sich weg und schläft sogar ein. Wenn es lange genug an einer Brustseite gesaugt hat, legen Sie es an der anderen Seite an. Schläft Ihr Baby ein, nachdem es an beiden Brüsten getrunken hat, hat es wahrscheinlich genug.

**Das Baby abnehmen:** Entfernen Sie das Baby niemals mit Gewalt von der Brust, denn das wird nur Ihrer Brustwarze weh

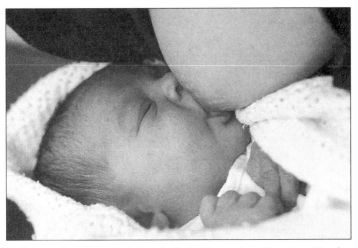

*Ziehen Sie Ihr Baby niemals von der Brustwarze. Lösen Sie seinen Mund, indem Sie vorsichtig, aber fest auf sein Kinn drücken. Oder stecken Sie Ihren kleinen Finger in seinen Mundwinkel. Sein Mund wird sich öffnen, und die Brust rutscht heraus.*

tun. Lösen Sie sanft seinen Mund, indem Sie vorsichtig, aber fest auf sein Kinn drücken. Oder Sie schieben den kleinen Finger zwischen Warzenhof und Wange des Kindes und schieben ihn in Richtung seines Mundwinkels. Beide »Tricks« werden den Mund öffnen, und die Brust wird leicht herausgleiten. Dies ist vor allem in den ersten Tagen beim Füttern wichtig, weil die Brustwarze ziemlich empfindlich ist und erst abgehärtet werden muß.

# *Andreas*

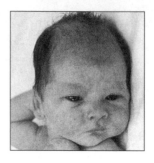

**Geboren:**
am errechneten Geburtstermin
**Gewicht:**
3250 g
**Allgemeinzustand:**
Die Geburt war für ihn anstrengend,
gleich danach ging es ihm gut.
**Wehentätigkeit der Mutter:**
außergewöhnlich kurz,
dauerte eine Stunde vierzig Minuten
**Nahrung:**
Flasche

## Der erste Tag

*»Ich bemerkte,
daß seine Ohren
ganz zu seinem
Kopf hin aufge-
rollt waren. Als
ich sie berührte,
öffneten sie sich
wie Blütenblätter«*

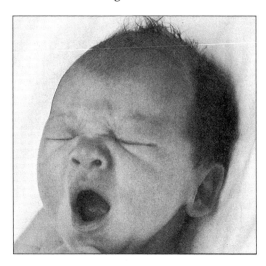

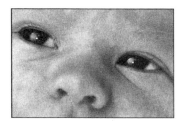

*»Als er geboren wurde, sah er
genau wie mein Mann aus.«*

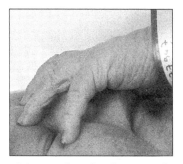

*»Seine Hände und Füße waren sehr
trocken und verschrumpelt, und
sein Kopf hatte einige Beulen; Teile
davon waren eingesunken.«*

## Der zehnte Tag

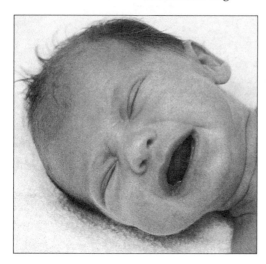

»*Er wurde mit dunklem, dickem Haar geboren, das in den nächsten Wochen heller wurde. Er nahm nicht sehr rasch zu. Er war auf 3000 g herunter, als ich das Krankenhaus nach fünf Tagen verließ. Bei seiner Nachuntersuchung drei Wochen später wog er 3450 g.*«

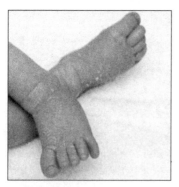

»*Ich war überrascht, wie lebhaft und bewegungsfreudig er von Anfang an war.*«

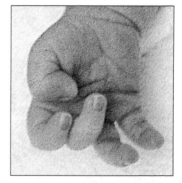

»*Seine Nägel waren ziemlich scharf, und ich mußte ihm Babyhandschuhe anziehen, um zu verhindern, daß er sich weiter zerkratzte.*«

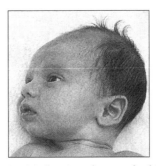

*»Er ist ein sehr angenehmes und ruhiges
Baby. Er war es schon im Krankenhaus
und ist sogar noch gelassener, seit er zu
Hause ist.«*

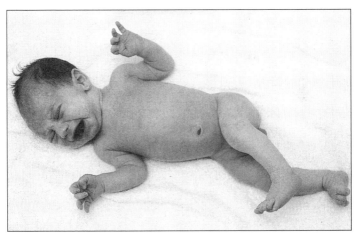

*»Bisher hat er mir noch keinen Grund zur Aufregung gegeben, weil er so
lieb ist. Er schreit wie jedes Baby, macht es mir aber leicht, für ihn zu
sorgen. Als ich im Krankenhaus war, habe ich ihn nicht richtig gefüttert.
Ich hielt die Flasche so eng an seine Nase, daß er ganz rot wurde.«*

## Probleme beim Füttern

Vielleicht stellen Sie fest, daß es Ihrem Baby zwischen den Mahlzeiten gutgeht, aber es verspielt, schwierig und unruhig wird,
sobald Sie es an die Brust legen und es einige Schlucke getan
hat. Ihr Baby ist dann nicht etwa ein schwieriges Kind. Nein,
es liegt überwiegend an Ihnen, denn das Baby spürt Ihre Stim-
mungen.

**Schlechte Stimmung:** Denken Sie darüber nach, was in Ihnen
vorgeht. Sind Sie müde, besorgt, frustriert, ängstlich? Versuchen
Sie, vor dem Füttern einige Minuten lang völlig ruhig zu sein,
und freuen Sie sich auf das Füttern. Ihr Baby wird immer Ihre
Stimmung aufnehmen, ob sie nun gut oder schlecht ist. Glauben
Sie mir, Ihnen und Ihrem Kind geht es wirklich besser, wenn
Ihre Stimmung gut ist.

**Falsche Position:** Einige Ärzte bringen die Reizbarkeit des Babys
mit Schwierigkeiten beim Atmen in Verbindung, weil seine Nase
in der Brust vergraben oder seine Oberlippe gegen seine Nasenflügel gepreßt ist. Lassen Sie sich schon beim ersten Anlegen
von der Kinderschwester oder der Hebamme zeigen, wie Sie
Ihr Baby richtig anlegen, damit es problemlos Luft bekommt.

**Zuwendung:** Geben Sie dem Säugling Nahrung, wenn er danach verlangt oder – besser gesagt – danach schreit. Lassen Sie
bei Ihrem Baby ein gereiztes Verhalten gar nicht erst aufkom-
men, geschweige denn anwachsen.

Nehmen Sie das Kind vor den Mahlzeiten hoch und in den
Arm, so oft Sie können. Heben Sie es mit größter Bestimmtheit
auf, und legen Sie es sanft an die Brust. Machen Sie dem Baby
die Mahlzeit schmackhaft, und lösen Sie den Such- und Saug-

reflex aus, indem Sie seine Wange leicht streicheln, bevor Sie es anlegen, dann wird es gierig sein und die Nahrung ohne Probleme nehmen. Drängen Sie Ihr Baby nicht. Bleiben Sie ruhig, und nach und nach wird sich ein gereiztes Baby beruhigen und mit Erfolg trinken.

**Geduld:** Vielleicht handelt es sich bei Ihrem Kind um ein schläfriges Kind, das schon nach dem Trinken an einer Seite einschläft. Es kann unmöglich sein, es sanft zu wecken. Für Sie ist es ärgerlich, wenn es dann kurz danach hungrig aufwacht und schreit. Aber es hilft nichts. Halten Sie die Fütterungszeiten kurz, so daß es weniger als zehn Minuten an der ersten Brust trinkt.

**Blähungen vermeiden:** Mit der Milch schlucken Babys oft Luft. Deshalb haben sie Blähungen. Dies ist häufig das Ergebnis eines übermäßig schnellen Milchflusses der Brust. Das läßt sich abstellen, indem Sie ein wenig Milch ausdrücken, wenn Ihre Brust vergrößert ist. Das Füttern eines Neugeborenen in aufrechter Lage hilft der Luft, schneller aufzusteigen.

**Früh beginnen:** Je früher Sie mit dem Stillen anfangen, desto besser. Babys lernen in den ersten achtundvierzig Stunden nach der Entbindung sehr schnell, die Brust zu nehmen. Je später Sie mit dem Stillen anfangen, desto mehr Probleme kann der Säugling damit haben. Ich rate Ihnen, dem Baby die erste Nahrung innerhalb der ersten vier Stunden nach der Geburt zu geben, dadurch werden Sie beide schnell daran gewöhnt.

**Ruhe und Gelassenheit:** Manche Babys sind ängstlich und lassen sich schnell ablenken. Fangen Sie daher vorsichtig an zu füttern, und erschrecken Sie Ihr Baby nicht. Bevor Sie anfangen, sprechen erst ein paar Minuten leise mit Ihrem Kind. Dies wird sie beide beruhigen. Halten Sie den Raum beim Füttern geräuscharm, und machen Sie es sich bequem. Vermeiden Sie es, in einer lauten Umgebung zu füttern.

**Menge:** Machen Sie sich keine Gedanken darüber, daß Sie Ihr Baby überfüttern könnten, denn es ist sehr schwierig, ein gestilltes Kind zu überfüttern. Ihr Baby wird selbst regulieren, wieviel es möchte. Mitunter kann die aufgenommene Milchmenge aber auch zu gering sein. Das erste Anzeichen könnte sein, daß das Baby noch saugt, obwohl es gerade an beiden Brüsten getrunken hat. Saugen bedeutet nicht immer Hunger. Es könnte auch Durst sein oder daß das Baby einfach die Annehmlichkeit des Saugens mag. Manche Babys sind trinkfaul und müssen ständig liebevoll zum Saugen animiert werden. Ein besonders scharfes Auge muß man auf untergewichtige Babys haben. Sie bekommen oft nicht genug Milch, weil sie vor Erschöpfung nur schwach saugen oder einfach nuckelnd vor sich hin dösen.

## Füttern mit der Flasche

Babys, die mit der Flasche gefüttert werden, gedeihen gut und sind völlig glücklich. Füttern Sie mit der Flasche, kann Ihr Partner problemlos in den Fütterungsprozeß einbezogen werden. Sie können sich beim Füttern abwechseln, damit Sie mehr Ruhe und ungestörten Schlaf erhalten. Während der ersten Wochen schlafen »Flaschenbabys« zwischen den Mahlzeiten länger, was auch Ihnen mehr Zeit gibt, Schlaf nachzuholen.

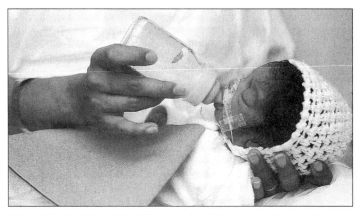

*Können Sie Ihr Baby nicht stillen, so sollten Sie trotzdem einen innigen
Kontakt während der Flaschenmahlzeiten herstellen.*
*Babys, die eine Intensivbehandlung benötigen, müssen mit der Flasche
gefüttert werden. Sie sollten das so oft wie möglich selbst tun, um Nähe
herzustellen und Ihrem Baby zu ermöglichen, mit Ihren Berührungen
vertraut zu werden.*

## Die ersten Mahlzeiten

Falls Sie von Beginn an nicht stillen und Ihrem Baby kein Kolostrum geben können, erhält es vier bis acht Stunden nach der
Entbindung eine Nährlösung und dann nach achtundvierzig
Stunden die erste Flaschennahrung. Ihr Baby trinkt vielleicht
bei den ersten Mahlzeiten nicht alles, da es für Neugeborene
eine Zeit lang dauert, sich an das Füttern zu gewöhnen. Ein
mit der Flasche gefüttertes Baby wird die gleichen Zeichen und
Hungersignale geben wie ein gestilltes. »Flaschenbabys« neigen dazu, weniger häufig zu trinken als gestillte. Dies hängt
damit zusammen, daß Flaschennahrung länger verdaut wird
und auch etwas mehr Proteine enthält, die für mehr Kalorien
sorgen und deshalb das Hungergefühl hinauszögern. Nach den
ersten zwei oder drei Tagen gewöhnt sich Ihr Baby wahr-

scheinlich an einen Vierstundenrhythmus und trinkt mit jeder
Flasche etwa sechzig Milliliter. Sobald die Trinkmenge steigt,
wird die Zahl der Fütterungen abnehmen.

## *So füttern Sie richtig*

Kaufen Sie alles, was zum Füttern notwendig ist, bevor Sie zur
Entbindung ins Krankenhaus gehen, dann wird alles griffbe-
reit sein, wenn Sie nach Hause kommen. Es gibt Ihnen auch die
Möglichkeit, vorher zu üben und eine Routine im Reinigen,
Sterilisieren und Nahrungsherstellen zu finden.

**Flaschenvorrat:** Ein Baby, das mit der Flasche gefüttert wird,
braucht etwa sieben Mahlzeiten in vierundzwanzig Stunden,
da lohnt es sich mehrere Fläschchen vorzubereiten und verschlossen in den Kühlschrank zu stellen. Ihr Baby mag schließlich nicht lange auf seine Mahlzeit warten, sonst schreit es zum
Erbarmen, schluckt zuviel Luft und bekommt Beschwerden.
Allerdings sollten Sie nicht große Mengen vorbereiten, denn
die Säuglingsmilchnahrung ist sehr keimarm und sollte auch
so bleiben.

**Nahrung wärmen:** Im Wasserbad oder in einem guten Baby-
kostwärmer bringen Sie die Nahrung auf Trinktemperatur
(Richtwert: 37 bis 40 °C). Probieren Sie aber unbedingt immer

*Achten Sie darauf, wenn Sie mit der Flasche füttern, daß Ihr Baby bei den
Mahlzeiten die gleiche Zuwendung erhält wie beim Stillen. Sorgen Sie für
einen ruhigen, bequemen Sitzplatz und stützen Sie Ihre Arme bei Bedarf
durch Kissen ab. Legen Sie das Baby in den Schoß, mit seinem Kopf in
Ihrer Armbeuge, seinen Rücken durch Ihren Unterarm gestützt. Streicheln
Sie sanft die Wange Ihres Babys, um es zu ermuntern, die Flasche zu nehmen. Stecken Sie den Sauger weit in den Mund, und halten Sie die Flasche
so schräg, daß der Sauger voll mit Milch ist.*

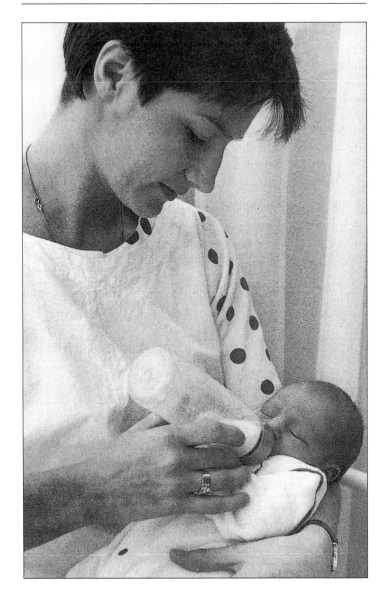

**Füttern**

Sie können Ihr Baby in jeder Position, die Sie möchten, füttern, solange Sie sich bequem und entspannt fühlen. Für stillende Mütter ist es wichtig, daß sie es ihrem Baby ermöglichen, die Brustwarze zu fassen. Probieren Sie es aus, und nehmen Sie die Haltung ein, die Sie als die natürlichste empfinden. Sorgen Sie dafür, daß Sie eine bequeme Haltung einnehmen, wobei Ihre Arme und der Rücken, falls nötig, durch Kissen gestützt werden. Vor allem in den ersten Wochen und in der Nacht ist es auch ganz schön, im Bett zu liegen und das Baby zu füttern. Legen Sie sich auf die Seite, gestützt durch Kissen, falls das angenehmer ist, und nehmen Sie das Baby vorsichtig an Ihre Seite.

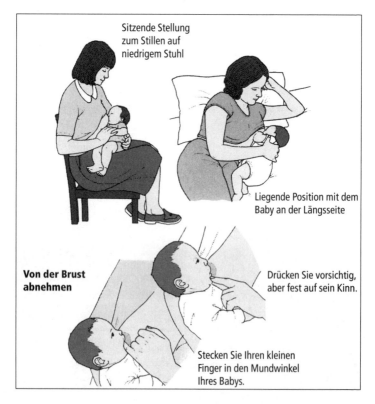

Sitzende Stellung zum Stillen auf niedrigem Stuhl

Liegende Position mit dem Baby an der Längsseite

**Von der Brust abnehmen**

Drücken Sie vorsichtig, aber fest auf sein Kinn.

Stecken Sie Ihren kleinen Finger in den Mundwinkel Ihres Babys.

Geben Sie die Flasche, achten Sie darauf, daß das Baby bei der Fütterung nicht waagerecht liegt. Es sollte halb sitzen, so daß es sicher und leicht atmen und auch schlucken kann und keine Erstickungsgefahr besteht. Hat Ihr Baby die Mahlzeit beendet, entfernen Sie es sanft von der Brust, oder nehmen Sie ihm die Flasche aus dem Mund, um so das Saugen zu unterbrechen.

**Die richtige Temperatur**

Unter fließendem heißen oder kalten Wasser können Sie die Flasche wärmen beziehungsweise abkühlen.

In einem heißen Wasserbad können Sie den Flascheninhalt recht schnell auf Trinktemperatur erwärmen.

## Den Milchfluß prüfen

Drehen Sie die Flasche um: Fließt die Milch in einem Schwall heraus, ist das Saugloch zu groß. Kommen die Milchtropfen in ständiger Folge heraus, ist es korrekt. Dauert es ein paar Sekunden, bis sich ein Tropfen gebildet hat, ist die Öffnung zu klein.

Halten Sie die Flasche so schräg, daß der Sauger immer voll mit Milch ist. So kann der Säugling keine Luft schlucken.

## Entfernen der Flasche

Sobald die Mahlzeit beendet ist und bevor das Baby Luft einsaugen kann, ziehen Sie vorsichtig die Flasche aus seinem Mund.

Falls es die Flasche nicht losläßt, schieben Sie Ihren kleinen Finger sanft in seinen Mundwinkel. Dies wird jedes Saugen unterbrechen.

die Temperatur der Milch, indem Sie ein paar Tropfen auf die Innenseite eines Handgelenks tropfen lassen. Die Milch sollte sich weder heiß noch kalt anfühlen.

Vorsicht bei der Erwärmung der Milch im Mikrowellenherd! Das Fläschchen kann sich außen lauwarm anfühlen, der Inhalt aber schon viel zu heiß sein. Schwenken Sie zum Durchmischen das Fläschchen, und prüfen Sie unbedingt den Wärmegrad!

**Die richtige Position:** Setzen Sie sich bequem hin. Stützen Sie Ihre Arme bei Bedarf mit Kissen gut ab. Halten Sie Ihr Baby in Ihrem Schoß mit seinem Kopf in Ihrer Armbeuge, und stützen Sie seinen Rücken mit der ganzen Länge Ihres Unterarms. Legen Sie Ihr Baby nicht flach hin, sonst fällt ihm das Trinken schwer, und es kann sich leicht verschlucken. Benutzen Sie ein gegen Ihren Arm gelehntes Kissen, um seinen Rücken zu stützen, und halten Sie seinen Kopf ziemlich hoch. Probieren Sie, bevor Sie ins Krankenhaus gehen, den Stuhl aus, auf dem Sie füttern wollen, und stellen Sie ihn in das Kinderzimmer. Ein bequemer, niedriger Sessel ist alles, was Sie brauchen. Legen Sie außerdem alles, was Sie zum Füttern und an Windeln benötigen, in die erreichbare Nähe Ihres Sitzplatzes.

**Flasche geben:** Sorgen Sie für Ruhe, im Raum und in sich selbst, bevor Sie Ihrem Baby die Flasche geben. Streicheln Sie die Wange, die Ihnen am nächsten ist, um den Such- und Saugreflex auszulösen. Wenn es sich umdreht, können Sie den Sauger in seinen Mund schieben. Stellen Sie sicher, daß die Spitze weit genug hinten ist, so daß es gut saugen kann, aber nicht zu weit, damit es sich nicht verschluckt.

**Sauger testen:** Prüfen Sie, ob die Milch leicht aus dem Sauger fließt. Ich habe es immer für unfair gehalten, daß ein gestilltes Kind kaum saugen muß, um reichlich Milch zu erhalten, wäh-

rend manche Sauger durch zu kleine Löcher dem Baby beim
Saugen unnötige Kraft abverlangen.

Wählen Sie aus dem breiten Sortiment Sauger aus, aus denen
bei umgedrehter Flasche ein Tropfen des Inhalts pro Sekunde
aus der Flasche fließt. Wie groß das Loch im Sauger sein muß,
kommt auch auf die Konsistenz der verwendeten Säuglingsmilchnahrung an. Ist das Loch zu groß, verschluckt sich das
Baby sehr schnell. Man sollte also stets den passenden Sauger
verwenden (mindestens einen für Tee und einen für Milchnahrung).

**Zeit nehmen:** Lassen Sie Ihr Baby das Tempo des Fütterns be-
stimmen. Wechseln Sie den Arm nach der Hälfte der Fütterung.
Damit hat das Baby die Möglichkeit, etwas anderes zu sehen,
und Sie können Ihren Arm ausruhen. Es ist auch eine günstige
Gelegenheit, Ihr Baby aufstoßen zu lassen. Halten Sie die Flasche schräg nach unten, damit der Sauger immer voll Milch ist.
Dies verhindert, daß Ihr Baby mit der Nahrung Luft schluckt.

**Mahlzeit beenden:** Um die Flasche aus dem Mund zu nehmen,
brauchen Sie nur vorsichtig, aber beständig daran zu ziehen.
Läßt es nicht los, stecken Sie sanft Ihren kleinen Finger in seinen Mundwinkel, um das Saugen zu unterbrechen. Zwingen
Sie Ihr Kind nicht, das Fläschchen auszutrinken, wenn es zeigt,
daß es genug hat. Den Rest in der Flasche werfen Sie weg. Auf
keinen Fall dürfen Sie ihn dem Baby, weder aufgewärmt noch
mit Zimmertemperatur, eine halbe Stunde oder gar Stunden
später wieder anbieten. Das kann bei der besten Säuglingsnahrung zu gesundheitlichen Problemen führen, da sich unweiger-
lich Keime angesammelt haben.

## Aufstoßen lassen

Wahrscheinlich saugt Ihr Baby mit der Milch auch Luft ein. Die
Menge an Luft, die Babys beim Saugen schlucken, ist ganz unterschiedlich. Säuglinge, die Flaschennahrung erhalten, schlucken
mehr als gestillte, aber das bedeutet nicht unbedingt, daß daraus ein Problem entstehen muß.

Während man früher dem Unbehagen über Blähungen durch
verschluckte Luft und dem – diesen »Mißstand« verhindern-
den – Aufstoßen höchste Priorität einräumte, sieht man das
heute gelassener. Nicht jedes Baby muß bei jeder Mahlzeit unbedingt aufstoßen. Die Gelegenheit dazu muß allerdings jedes
Baby haben!

Sie werden bald selbst herausfinden, wie Sie mit dem durchaus sinnvollen »Bäuerchen« Ihres Babys umgehen müssen.

**»Bäuerchen« machen:** Auf keinen Fall sollten Sie Ihr Baby nach
dem Füttern sofort wieder hinlegen. Das Warten auf das stattfindende oder nicht stattfindende »Bäuerchen« ist eine gute Gelegenheit in der Mitte und am Ende der Mahlzeit, um das Kind
Atem schöpfen zu lassen und Ihr Baby aufrecht zu halten, so
daß es sich umschauen kann. Und Sie können Ihr Baby umar-
men und zärtlich seinen Rücken massieren. Dies tut Ihnen beiden gut. Aber – wie gesagt – halten Sie Ihr Baby nicht geradezu
zwanghaft auf der Schulter fest, bis es aufgestoßen hat.

**»Bäuerchenposition«:** Um Ihr Baby aufstoßen zu lassen, halten Sie es aufrecht gegen Ihre Brust und klopfen oder reiben Sie
sanft seinen Rücken. Klopfen und streichen Sie nicht zu stark,
da Sie dadurch Ihr Baby ruckartig bewegen und es zum Erbre-
chen bringen könnten. Eine sanfte, aufwärts streichende Bewegung ist festem Klopfen vorzuziehen. Diese leichte Bewegung

löst die Luft in seinem Magen. Wenn es aufrecht gehalten wird, kommt keine Milch mit der Luft heraus. Legen Sie Ihr Baby sofort in sein Bettchen, ohne es aufstoßen zu lassen, kann es einen Teil der Nahrung hochbringen, oder die Luft geht in seine Därme, wo sie Unbehagen und kolikartige Schmerzen hervorrufen kann.

## Aufnehmen und Tragen

Wichtig für das Baby sind die Nähe und Wärme des Körpers von Mutter und Vater. Es gibt ihm ein großes Sicherheitsgefühl, das es in den ersten Lebenswochen unbedingt braucht. Sie sollten Ihr Baby fest halten und es so langsam, sanft und ruhig bewegen, wie Sie können.

Bis es etwa vier Wochen alt ist, hat Ihr Baby keine Kontrolle über seinen Kopf, da seine Nackenmuskeln nicht stark genug sind, um ihn zu stützen. Sie müssen daher immer seinen Kopf beim Tragen festhalten. Wenn Sie Ihr Baby tragen, wiegen Sie es entweder in der Armbeuge oder halten Sie es gegen Ihren Oberkörper gedrückt.

### Aufnehmen des Babys

Schieben Sie eine Hand unter seinen Nacken, um den Kopf zu stützen. Führen Sie die andere unter seinen Rücken und Po, um die untere Hälfte zu stützen.

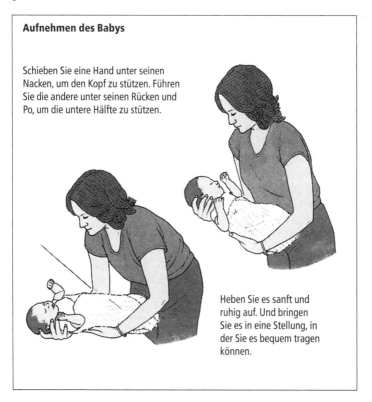

Heben Sie es sanft und ruhig auf. Und bringen Sie es in eine Stellung, in der Sie es bequem tragen können.

Halten Sie Ihr Baby leicht schräg, so daß sein Kopf etwas höher als sein Körper ist.

Stützen Sie seinen Kopf, wenn Sie es hinlegen.

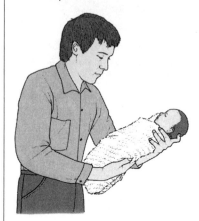

Benutzen Sie Ihren Unterarm, um Ihr Baby sicher an ihrer Brust zu halten, wobei Sie seinen Kopf mit Ihrer freien Hand stützen.

## Im Tuch tragen

Legen Sie das Tuch um Ihre Schultern, wobei das Ende der Seite, wo Sie das Baby halten werden, ein wenig kürzer sein sollte.

Halten Sie das Baby fest im Arm, falten Sie das kürzere Stück über seinen Körper, lassen Sie seine Füße frei. Wickeln Sie das Tuch fest.

Schlagen Sie die andere Hälfte um das Baby, ziehen Sie dann das Tuch zwischen Ihrer Brust und dem Baby hoch.

Stecken Sie den Rest des Tuchs in die »Tasche«, die Sie gefaltet haben. Das Tuch macht es möglich, daß Sie beide Hände frei haben.

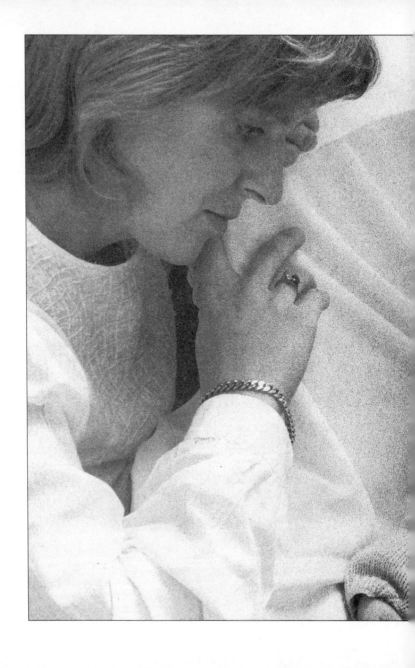

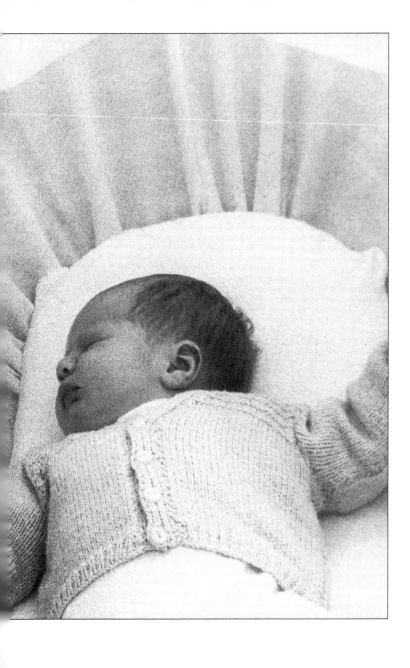

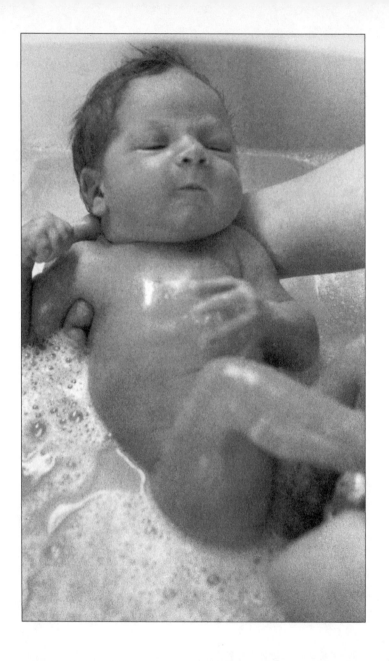

# 6.

## Pflege des Babys

Eltern werden nicht als Eltern geboren. Heutzutage lernen die meisten Menschen erst dann etwas über Babypflege, wenn sie selbst ein Kind haben. Erwarten Sie also nicht, daß Sie von Anfang an eine Expertin sind. Jeder Mensch braucht Zeit und Übung, bevor er ein Baby ohne Mühe wickeln und anziehen kann.

Während der ersten Lebenswochen wird Ihre Hauptaufgabe darin bestehen, Ihr Baby zu füttern, anzuziehen, zu wickeln und dafür zu sorgen, daß es schläft. Sie werden auch Ihr Baby pflegen. Es ist jedoch nicht nötig, es täglich zu baden. Es scheint, als ob all dies keine Mühe macht, aber Tatsache ist, daß Sie den Säugling bis zu zehnmal am Tag füttern und mindestens so oft, wenn nicht noch häufiger, wickeln müssen. Neugeborene können innerhalb von vierundzwanzig Stunden bis zu neun Stunden wach sein, und Sie sollten das Beste daraus machen. Für das Baby ist der wichtigste Aspekt der Pflege das Füttern. Für Sie, Ihr Baby und nicht zuletzt für den Vater ist die Babypflege eine ideale Möglichkeit, eine Bindung und Beziehung aufzubauen, die einmalig ist. Die meisten Väter wollen am Leben ihres Babys und auch an der Sorge um das neue Familienmitglied teilhaben. Nur nach außen erscheint die Pflege eines Babys als eine Anzahl sich wiederholender Aufgaben, in Wirklichkeit jedoch ist es der beste Weg für Sie, Ihren Partner und Ihr Baby, sich gegenseitig zu entdecken und zu spüren, was es heißt, eine Familie zu sein.

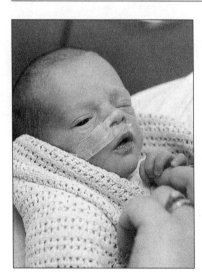

*Eingeschlagen in ein weiches Tuch fühlen Neugeborene sich wohl und sicher.*

# Bindung aufbauen

Der Aufbau der Beziehung zu Ihrem Baby beginnt mit der Sekunde, in der es geboren wird. Wenn möglich, sollten Sie mit ihm recht häufig zusammen sein. Babys reagieren auf die Zuwendung von Erwachsenen vom Augenblick der Geburt an. Obwohl belegt ist, daß die ersten fünfunddreißig bis fünfundvierzig Minuten die wichtigsten sind, um Ihr Baby durch Augen- und Hautkontakt kennenzulernen, ist der Aufbau einer Bindung ein fortlaufender Prozeß.

Da Ihr Baby während der ersten Tage fast nur schlafen wird, verbringen Sie so viel Zeit wie möglich mit ihm, während es wach ist. Untersuchungen haben gezeigt, daß Körperkontakt, das Geräusch Ihrer Stimme, Ihr Geruch, Ihre Berührungen und das Spüren Ihrer Haut in den ersten Lebenstagen für Ihr Baby sehr wichtig sind, um eine einmalige Bindung zu Ihnen herzustellen.

*Wenn Sie Ihr Baby in den Arm nehmen, reden und singen Sie sanft mit ihm, und küssen und berühren Sie es so oft wie möglich. So lernt es schnell Ihren Geruch und Ihre Stimme kennen.*

## Kennzeichen Geruch

Das erste, was Ihr Baby an Ihnen erkennt, ist Ihr Geruch und dann Ihre Stimme. Wir alle sondern ein bestimmtes geruchsintensives Hormon, Pheromon genannt, durch unsere Haut ab. Während der ersten Lebenstage und -wochen sind wir dafür besonders empfänglich. Später verlieren wir unsere Sensibilität für diesen Geruch. Bei Neugeborenen aber übt er eine sehr wichtige Funktion aus. Weil Babys so sensibel darauf reagieren, können sie den Geruch ihrer Mutter von jedem anderen unterscheiden. Es kann Sie förmlich in allen Lebenslagen riechend erkennen.

### Kennzeichen Stimme

Neben dem Geruch reagiert Ihr Baby auch auf Ihre Stimme höchst sensibel. Daher sollten Sie von der Minute seiner Geburt an beginnen, mit Ihrem Baby zu sprechen, und niemals

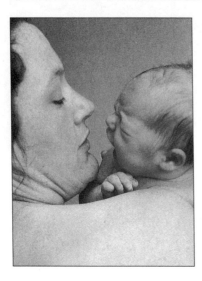

*Schauen Sie in seine Augen, wenn Sie mit Ihrem Baby sprechen oder singen. Dies hilft, Kontakt herzustellen, und Ihr Baby wird bald in der Lage sein, Ihre Gesichtsform zu erkennen.*

damit aufhören. Was Sie auch tun, reden Sie mit dem Baby. Ihr Geruch und das Geräusch Ihrer Stimme machen das Baby ruhig, und es fühlt sich geborgen und beschützt. Reden Sie mit weicher, sanfter und beruhigender Stimme, und singen oder summen Sie für Ihr Baby, wann immer es möglich ist.

### Geduld mit sich und dem Baby haben

Wahrscheinlich finden Sie es einfacher, Ihr Baby zu lieben, wenn es auf Sie reagiert, sich leicht und zufrieden füttern läßt und nicht außergewöhnlich viel schreit. Jedoch erscheinen den meisten Müttern ihre Babys schwieriger, als sie sich das vorgestellt haben. Seien Sie daher nicht überrascht, daß es Zeiten gibt, in denen Sie weniger in der Lage sind, solche Gefühle auszuhalten, und Sie daher manchmal leichter ärgerlich werden. Vielleicht reagieren Sie sogar empfindlich auf die, wie Sie es empfinden, Weigerung des Babys zur Mithilfe. Es ist notwendig,

*Durch innigen Körperkontakt*
*fühlt sich Ihr Baby sicher,*
*und es hilft ihm zu spüren, wie*
*Sie sich anfühlen.*

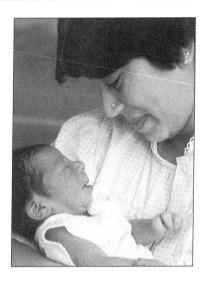

daß Sie in einer solchen Situation Ihren guten Sinn für Humor
bewahren. Vielleicht deuten Sie seine Bedürfnisse nicht immer
richtig, und daher ist seine einzige Antwort sein Schreien.

## Nach Kaiserschnitt oder Frühgeburt

Nachdem es kurze Zeit mit seinen Eltern im Entbindungszimmer
verbracht hat, wird ein Baby, das durch Kaiserschnitt geboren
wurde, routinemäßig in ein Säuglingszimmer zur besonderen
Beobachtung und Pflege gebracht, vor allem wenn vermutet
wird, daß es Atemschwierigkeiten haben könnte. Befindet es
sich in einem guten Allgemeinzustand, gibt es allerdings keinen
Grund dafür, daß es nicht bei Ihnen sein kann. Wenn es jedoch
einige Zeit lang weggebracht wurde, braucht es besonders viel
Liebe und Umarmungen. Ist es für Sie zu schwierig aufzuste-
hen, um es zu besuchen, bitten Sie die Schwestern, daß man es
Ihnen bringt.

Frühgeburten (wie auch Zwillinge) müssen eventuell eine Zeitlang in eine besondere Pflegestation gelegt werden, da sie ein geringes Geburtsgewicht haben. Falls Ihr Baby in einem speziellen Kinderzimmer oder sogar in einem Inkubator liegt, sollten Sie darauf bestehen, daß Sie es so oft wie möglich besuchen können. Durch die Öffnungen im Inkubator können Sie

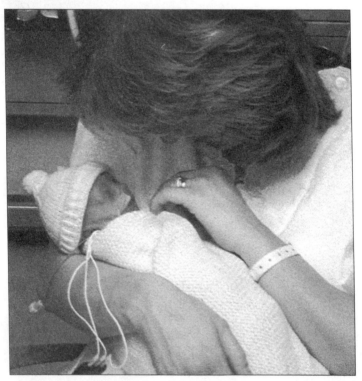

*Auch Babys, die auf der Intensivstation liegen, können getragen, umarmt werden, wenn kein Infektionsrisiko besteht und der Arzt es erlaubt.*
*Es mag Sie bedrücken, daß Sie Ihr Baby nicht die ganze Zeit bei sich haben können, aber wahrscheinlich dürfen Sie es wenigstens durch die Öffnungen des Inkubators berühren und liebkosen.*

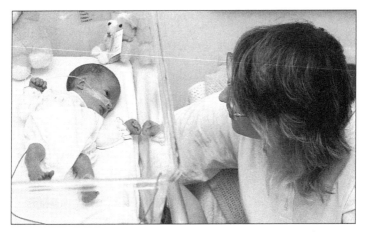

*Frühgeburten und Babys, die Intensivpflege brauchen, werden auf separaten Stationen versorgt, wo es rund um die Uhr Bereitschaftsschwestern und besondere Überwachungsmöglichkeiten gibt. Für Sie kann es dann schwieriger sein, eine Beziehung zu Ihrem Baby aufzubauen, doch sollten Sie sich bemühen, so viel Zeit wie möglich mit ihm zu verbringen.*

es berühren, streicheln und wahrscheinlich auch füttern. Es ist wichtig, alle Schritte zu unternehmen, damit die Zeit, die Sie voneinander getrennt sind, so kurz wie möglich gehalten wird.

## Halten des Babys

Vom Zeitpunkt der Geburt an bis zum Alter von etwa drei Monaten mag das Baby es gern, wenn es sehr häufig in den Armen gehalten wird, weil es sich dann sicher fühlt. Obwohl Ihr Neugeborenes sehr zerbrechlich erscheint, ist es verhältnismäßig robust. Haben Sie keine Angst, es zu halten, mit Ausnahme des Kopfes hat es schon genug Kontrolle über seine Muskulatur.

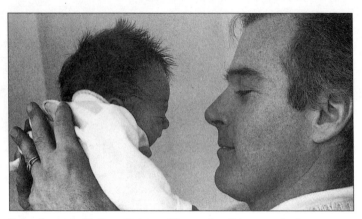

*Babys lernen bald, ihren Vater am Klang seiner Stimme und seinem Aussehen zu erkennen. Viele Babys werden durch die tiefe Stimme von Männern beruhigt. Ihr Partner sollte soviel wie möglich mit dem Baby reden und singen.*

**Umschlossen halten:** Halten Sie Ihr Baby nahe bei sich, reden Sie beruhigend und liebevoll mit ihm, und schauen Sie dabei in seine Augen. Umschließen Sie Ihr Baby mit beiden Armen, vor allem in den ersten Wochen, wenn die Empfindung, fest umschlossen zu sein, ihm ein großes Geborgenheitsgefühl vermittelt. Aus diesem Grund funktioniert auch die altmodische Methode, das Baby in ein festes Tuch zu wickeln (im Übermaß ist es für Ihr Baby nicht gut, da es die Bewegungsfähigkeit einschränkt).

**Gut stützen:** Wenn Sie Ihr Baby aufnehmen, müssen Sie vor allem auf seinen Kopf achten. Ihr Baby hat keine Kontrolle über seine Muskeln im Kopf- und Nackenbereich. Sie müssen den Kopf deshalb stützen, bis es ungefähr vier Wochen alt ist. Nehmen Sie es immer so hoch, daß Sie seinen Kopf sicher stützen können: Schieben Sie eine Hand unter den Nacken Ihres

Kindes. Bringen Sie die andere Hand unter den Rücken und Po Ihres Babys, um die untere Hälfte sicher zu stützen. Auf diese Art gehalten, kann Ihr Baby in jede Lage, in der es getragen werden soll, gebracht werden.

**Hinlegen:** Legen Sie Ihr Baby hin, so sollten Sie wiederum darauf achten, daß sein Kopf abgestützt ist. Tun Sie das nicht, kann sein Kopf nach hinten fallen und herunterhängen. Legen Sie das Baby auf die Weise nieder, wie es für das Aufheben beschrieben wurde, oder benutzen Sie den ganzen Arm, um seine Wirbelsäule, Hals und Kopf zu stützen. Sollten Sie sich noch sehr unsicher fühlen, wickeln Sie das Baby fest in ein Tuch, so daß sein Kopf gestützt ist, bis es liegt, dann entfernen Sie das Tuch.

**Liegend und aufrecht:** Es gibt zwei Hauptstellungen, um Ihr Neugeborenes zu tragen:

- Sie können es in der Armbeuge halten, seinen Kopf etwas höher als den übrigen Körper, der auf dem Oberarm ruht und von Ihrem Unterarm und der Hand umschlossen wird, die seinen Rücken und Po stützen. Dies ist eine gute Haltung, ein Baby aufzunehmen und umherzutragen. Sie ermöglicht Augenkontakt, und Sie können mit Ihrem Baby reden und es anlächeln.
- Sie können Ihr Baby aber auch mit dem Unterarm gegen Ihre Brust halten, wobei sein Kopf, gestützt durch Ihre Hand, auf Ihrer Schulter ruht. Dies läßt eine Hand frei, was wichtig ist, wenn Sie alleine sind und etwas aufheben müssen.

# Windelarten

Wegwerfwindeln und Höschenwindeln sind bequem, man muß sie nicht waschen und trocknen. Man kann sie leichter dem Baby anlegen, da es kein aufwendiges Falten – wie bei den Stoffwindeln – und zum Teil keine Gummihöschen gibt. Welche Windeln Sie verwenden hängt nicht nur von den Kosten, sondern auch davon ab, welche Ihr Baby am besten verträgt. Über die Umweltbelastung gibt es heute geteilte Meinungen. Dem Strom- und Waschmittelverbrauch beim Stoffwindelwaschen wird die Produktion und der Abfallberg der Wegwerfprodukte (die deutlich umweltfreundlicher geworden sind) gegenübergestellt. Wofür Sie sich auch entscheiden, achten Sie darauf, daß Ihr Baby sich wohl fühlt!

**Zellstoffwindel:** Diese einteilige, stegförmige Einmalwindel wird auch Vlies- oder Flockenwindel genannt. Sie wird in ein Gummihöschen, in ein wiederverwendbares Windelhöschen gelegt oder mit Hilfe einer Wickelfolie angelegt.

**Höschenwindel:** Sie fungieren als Windel, Einlage und Hose zugleich und werden mit einem selbstklebenden Band, das sich verstellen läßt, befestigt. Durch die körpergerechte Slipform bietet sie dem Baby viel Bewegungsfreiheit. Für ihre Saugfähigkeit ist nicht nur die Qualität der Höschenwindel wichtig, sondern auch die Paßform.

**Stoffwindeln:** Sie bestehen aus dem altbewährten Baumwollmull oder sogenanntem Baumwoll-Strick. Mull- wie Strickwindeln saugen die Feuchtigkeit gut auf, müssen aber nach jedem Benutzen gewaschen und getrocknet werden. Entscheiden Sie sich für Stoffwindeln, sollten Sie gut zwei Dutzend parat haben. Waschmittelreste können Wundsein verursachen, wie auch zu seltenes Windelwechseln (letzteres gilt für alle Windelarten).

**Windeleinlagen:** Diese Einlagen werden in die Windel eingelegt und liegen der Haut des Babys auf. Die beste Sorte wird aus einem besonderen Material gemacht, das urindurchlässig ist, aber an der Seite der Babyhaut trocken bleibt. Die Einlagen vermindern die Gefahr eines entzündeten Pos durch Reibung oder Feuchtigkeit. Sie fangen auch den größten Teil des Stuhls auf und verhindern, daß die Windel stark verschmutzt wird.

**Gummi- und Windelhöschen, Wickelfolie:** Diese brauchen Sie, wenn Sie Zellstoff- oder Stoffwindeln verwenden. Schauen Sie sich im Fachhandel um, es gibt wiederverwendbare Höschen, die das Wickeln eines sehr bewegungsfreudigen Kindes erheblich erleichtern.

## Windeln wechseln

Bevor Sie die Windel wechseln, stellen Sie sicher, daß Sie alles in Reichweite haben. Richten Sie eine ständige Wickelecke ein, die Sie leicht sauberhalten können und wo alles griffbereit liegt. Neben sauberen Windeln brauchen Sie Watte, Babycreme oder Öl, Papiertücher, Waschlappen, Wasser, einen Abfall- oder Windeleimer und ein Spielzeug zum Ablenken des Kindes.

**Und so gehen Sie beim Wickeln vor:**
- Entfernen Sie die schmutzige Windel. Benutzen Sie den vorderen Teil, um eventuellen Stuhl vom Baby abzuwischen. Falten Sie die schmutzige Windel so, daß der Stuhl nicht herausfallen kann, und werfen Sie das Paket in den Windel-

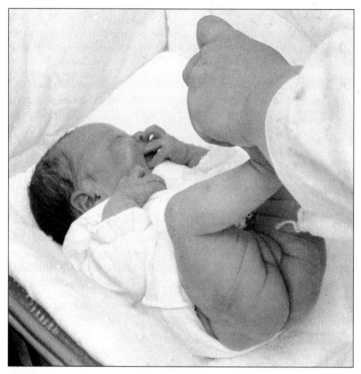

*Wechseln Sie die Windel jedes Mal, wenn sie naß oder schmutzig ist.
Wischen Sie den Po mit dem sauberen Ende der Windel ab, dann mit Baby-
lotion, bevor Sie ihn vorsichtig trocknen.
Wird Ihr Baby wund, benutzen Sie keinen Babypuder. Bitten Sie am besten
Ihren Arzt um eine spezielle Wundschutzcreme.*

oder Abfalleimer, der direkt neben dem Wickelplatz stehen
muß.

- Reinigen Sie dann den Genitalbereich des Babys. Bei einem
  Jungen arbeiten Sie von den Beinfalten zum Penis hin, beim
  Mädchen wischen Sie von der Vagina nach hinten zum
  After.

- Als nächstes reinigen Sie den Beinansatz und dann, indem Sie beide Fußgelenke umfassen, reinigen Sie den Po. Sie müssen nicht bei jedem Windeln den Po Ihres Babys mit Seife waschen. Oft reicht es, ganz sanft den Stuhl mit Babyöl oder -lotion wegzuwischen.
- Wenn das Baby sauber ist, legen Sie ihm eine neue Windel an.

**Wichtig:** Lassen Sie Ihr Baby niemals auf dem Wickelplatz unbeaufsichtigt liegen, wenn Sie die schmutzigen Windel wegbringen oder sich die Hände waschen. Nicht eine Sekunde! Legen Sie Ihr Kind immer an einen sicheren Platz, ins Bettchen oder in den Kinderwagen!

# Windelausschlag

Windelausschlag oder »Wundsein« ist wahrscheinlich das häufigste Problem, das gesunde Babys beeinträchtigt. Harnstoff, eine Substanz, die immer im Urin vorhanden ist, wird durch Bakterien, die sich in der Regel auf der verunreinigten Haut des Babys befinden, zu Ammoniak abgebaut. Dieses reizt die Haut und verursacht Wundsein dort, wo es längere Zeit mit der Haut in Berührung war. Die Bandbreite für Wundsein verläuft von leichter Rötung und Schmerzhaftigkeit bis hin zu entzündeten und sogar offenen Hautstellen.

*Wundsein kommt sehr häufig vor. Um das zu verhindern, ist es sehr wichtig, das Baby peinlich sauber und trocken zu halten.*

**Vorbeugung:** Wechseln Sie regelmäßig und häufig genug die Windeln, lassen Sie niemals Ihr Baby in einer nassen Windel liegen. Außerdem können Sie noch folgendes tun:

- Legen Sie eine spezielle Windeleinlage auf die Haut Ihres Babys, oder benutzen Sie sehr saugfähige Höschenwindeln. Das erlaubt dem Urin, direkt durchzufließen, um durch die darunterliegende Windel oder Schicht aufgesaugt zu werden. So kann die Haut trocken bleiben. Das erspart aber nicht den häufigen Windelwechsel!
- Halten Sie den Po Ihres Babys sauber und trocken. Waschen Sie ihn aber mit Seife ab.
- Lassen Sie so oft wie möglich Luft an den Po.
- Stellen Sie sicher, daß Stoffwindeln immer gut gewaschen und sehr gut gespült sind, um Urinrückstände sowie Waschmittelreste zu entfernen.
- Verzichten Sie auf Gummihöschen, da sie den Urin in Hautnähe festhalten.

**Behandlung:** Warten Sie nicht, bis die Haut deutlich sichtbar beeinträchtigt ist. Fangen Sie gleich beim ersten Anzeichen von geröteter oder verletzter Haut an, eine spezielle Wundschutzcreme, die dem Wundsein entgegenwirkt, anzuwenden. Es gibt auch einige sehr gute Naturheilmittel, die eine Wundheilung fördern. Lassen Sie sich am besten vom Kinderarzt ein Mittel verschreiben oder empfehlen. Gehen Sie mit Ihrem Kind zum Arzt, wenn Sie der Windelausschlag aus irgendeinem Grund beunruhigt!

## Wickeln

In Ihrer Wickelecke sollten Sie alle benötigten Dinge griffbereit haben. Sie müssen aber auch, wenn Sie mit dem Baby außer Haus gehen, Windeln und einige Reinigungsutensilien mitnehmen. Es gibt aufklappbare Matten, die es ermöglichen, das Baby auf jeder flachen Unterlage zu wickeln. Wegwerfwindeln und Reinigungstücher machen das Wickeln heutzutage zu einer einfachen Sache.

**Checkliste**
- ☐ Wickelmatte oder Wickeltisch
- ☐ saubere Windel
- ☐ Watte
- ☐ Babylotion, Babyöl oder Reinigungstücher
- ☐ Papiertücher
- ☐ Waschlappen
- ☐ Wasser
- ☐ Creme gegen Wundsein
- ☐ saubere Bekleidung
- ☐ Mülleimer oder -tüte
- ☐ Spielzeug zum Ablenken des Kindes

**Einen Jungen säubern**

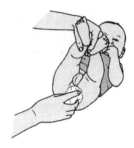

Entfernen Sie so viel Stuhl wie möglich mit einem sauberen Teil der Windel. Säubern Sie den Rest mit in Babyöl getränkter Watte oder einem Reinigungstuch.

Heben Sie seine Beine hoch, indem Sie beide Fußgelenke in einer Hand halten; Ihr Mittelfinger liegt zwischen seinen Fersen. Reinigen Sie den Po mit einem (nur dafür reservierten) nassen Waschlappen, und trocknen Sie den Po gut ab.

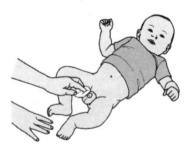

Entfernen Sie Urin mit einem nassen Waschlappen, Watte oder Reinigungstuch, indem Sie sorgfältig von den Beinfalten zum Penis hin wischen. Ziehen Sie auf keinen Fall die Vorhaut zurück!

**Ein Mädchen säubern**

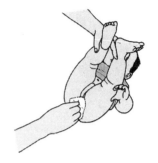

Ist die Windel voll, entfernen Sie den Stuhl mit den sauberen Teilen der Windel. Benutzen Sie einen Wattebausch mit Babylotion oder -öl oder ein Reinigungstuch, und entfernen Sie den Rest.

Reinigen Sie den Po, indem Sie die beiden Fußgelenke in einer Hand halten. Wischen Sie von der Scheide nach hinten zum After mit einem nur dafür reservierten Waschlappen, einem neuen Wattebausch oder Reinigungstuch.

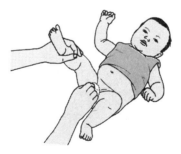

Benutzen Sie einen nassen Waschlappen, Wattebausch oder ein Reinigungstuch, um Urin von der Scham und der umgebenden Haut, einschließlich der Beinfalten, zu entfernen. Ziehen Sie nie die Schamlippen auseinander.

**Eine Höschenwindel anlegen**

 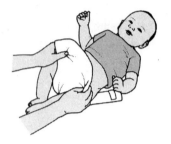

Breiten Sie die Windel mit den Klebestreifen nach oben aus. Legen Sie das Baby auf die Windel, oder schieben Sie die Windel darunter, so daß die Oberkante an der Taille des Babys liegt.

Bringen Sie den vorderen Teil der Windel zwischen den Beinen hoch. Hat die Windel oben kein Gummiband, falten Sie die dünnere Kante über das obere Vlies quer über den Bauch.

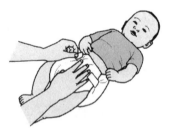

Ziehen Sie die Klebebänder fest nach vorne, um die Windel zu befestigen. Sind die Beinabschlüsse nicht elastisch, regulieren Sie die Seiten der Windeln um die Oberschenkel herum.

## Stoffwindeln

Obwohl in der Anschaffung zunächst teurer als Wegwerfwindeln, machen sie sich im Lauf der Zeit bezahlt. Einige Mütter bevorzugen die Weichheit und Luftdurchlässigkeit des Mulls für die Haut ihres Babys. Stoffwindeln sind aus Mull oder einem speziellen Strickstoff angefertigt und müssen nach Gebrauch ausgespült, ausgewaschen, gekocht und getrocknet werden. Sie kommen mit dem ständigen Waschen leichter zurecht, wenn Sie mindestens vierundzwanzig Windeln anschaffen. Außerdem brauchen Sie mindestens sechs Paar Gummihöschen oder Windelhöschen. Urinaufsaugende Windeleinlagen, die in die Windel gelegt werden, halten die Babyhaut trockener und vermindern so das Risiko des Wundseins. Sie fangen auch den meisten Stuhl auf und verhindern, daß die Windel stark verschmutzt wird.

---

### Checkliste

- ☐ Stoffwindel
- ☐ Gummihöschen
- ☐ 2 Windelklammern
- ☐ Windeleinlage
- ☐ Watte
- ☐ Babyöl
- ☐ Wasser
- ☐ Creme gegen Windelausschlag
- ☐ saubere Kleidung
- ☐ Windeleimer
- ☐ Spielzeug zum Ablenken

**Mit einer Stoffwindel wickeln**

 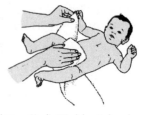

Schieben Sie die Windel unter Ihr Baby, so daß die Oberkante mit der Taille des Babys abschließt. Die dreifache Faltung ist die saugfähigste.

Klappen Sie die Windel zwischen den Beinen hoch. Festhalten, dann falten Sie erst eine Seite, dann die andere über dem Mittelteil.

Stecken Sie das lose obenauf liegende Ende unter der Windeloberkante fest.

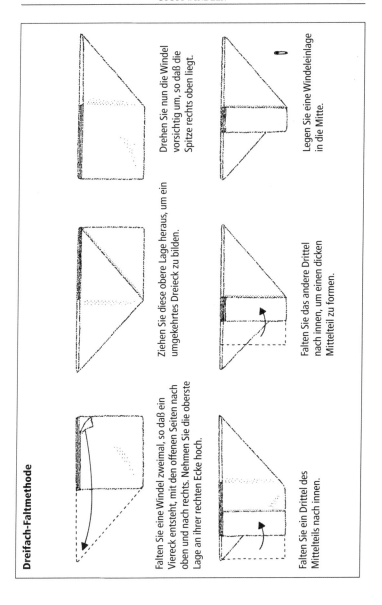

**Dreifach-Faltmethode**

Falten Sie eine Windel zweimal, so daß ein Viereck entsteht, mit den offenen Seiten nach oben und nach rechts. Nehmen Sie die oberste Lage an ihrer rechten Ecke hoch.

Ziehen Sie diese obere Lage heraus, um ein umgekehrtes Dreieck zu bilden.

Drehen Sie nun die Windel vorsichtig um, so daß die Spitze rechts oben liegt.

Falten Sie ein Drittel des Mittelteils nach innen.

Falten Sie das andere Drittel nach innen, um einen dicken Mittelteil zu formen.

Legen Sie eine Windeleinlage in die Mitte.

## An- und Ausziehen

In den ersten Wochen müssen Babys recht häufig gewickelt werden. Werden Sie nicht nervös, wenn es am Anfang etwas schwierig für Sie ist, Ihr Baby zu halten und es zur gleichen Zeit an- oder auszuziehen. Legen Sie Ihr Baby beim An- und

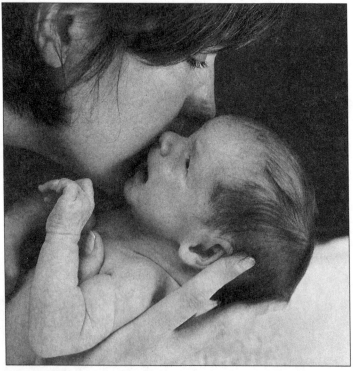

*Sobald Sie Ihr Baby halten, sollten Sie seinen Kopf gut stützen. Obwohl viele Muskeln Ihres Babys gut entwickelt sind, können die in seinem Nacken noch nicht das Gewicht des Kopfes tragen. Es dauert einige Monate, bis Ihr Baby seinen Kopf ganz alleine halten kann.*

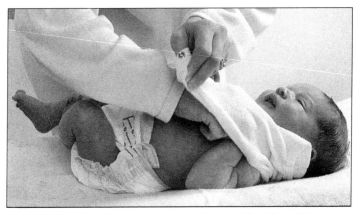

*Babys werden nicht gern ausgezogen. Machen Sie daher diesen Vorgang so bequem wie möglich. Verwenden Sie Kleidungsstücke, die vorne Knöpfe oder Verschlüsse haben, da Babys es gar nicht mögen, wenn ihnen Kleidung über den Kopf gezogen wird. Es ist am besten, wenn Sie Ihr Baby beim An- und Ausziehen auf eine flache Unterlage legen, so haben Sie beide Hände frei.*

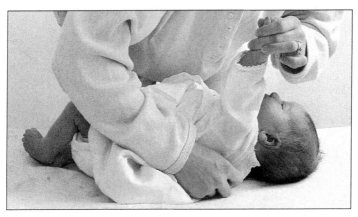

*Ziehen Sie Hemdchen mit rückwärtigen Verschlüssen weit über den Rücken des Babys.*

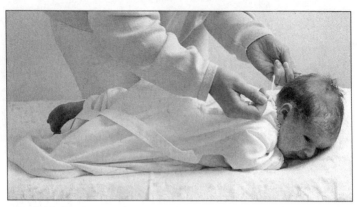

*Zum Schließen des Hemdchens drehen Sie das Baby auf den Bauch. Wundern Sie sich nicht, wenn es beim Anziehen schreit. Babys reagieren auf die kühle Luft durch Schreien.*

## An- und Ausziehen

Neugeborene müssen sehr oft umgezogen werden, und es bedarf einiger Übung, damit Sie es so leicht und schnell fertigbringen, wie Sie es gern möchten. Viele Eltern finden es schwierig, ihr Baby richtig festzuhalten, während sie gleichzeitig mit der Kleidung beschäftigt sind. Sie können für sich selbst und das Baby die Sache viel einfacher machen, indem Sie Kleidung aussuchen, die leicht anzuziehen ist. Sie sollten alles, was vorne oder hinten geöffnet wird oder eine weite Halsöffnung hat, bevorzugen, da Babys es überhaupt nicht lieben, wenn ihnen etwas über den Kopf gezogen wird. Vermeiden Sie Jäckchen mit Spitze, in der sich die Finger des Babys leicht verfangen, und Bekleidung, die mit Bändern verschlossen wird, da sie sich leicht öffnet.

Ziehen Sie ein Baby auf einer ebenen Fläche an oder aus, zum Beispiel auf einem Wickeltisch, Bett oder dem Fußboden. Das hält Ihnen beide Hände frei. Beschränken Sie die Zeit, in der Ihr Baby nackt ist, auf ein Minimum. Junge Babys mögen es nicht, wenn sie unbekleidet sind, da ihnen die kalte Luft unangenehm ist. Aus diesem Grund schreien viele Babys, wenn man sie umzieht. Lassen Sie sich dadurch nicht nervös machen. Bleiben Sie ruhig, und Sie werden viel schneller fertig sein. In solchen Situationen ist ein Spielzeug, das die Kinder ablenkt, sehr hilfreich.

> **Checkliste**
> ☐ Hemdchen
> ☐ Strampelanzug oder Nachthemd
> ☐ Spielzeug zum Ablenken

**Anziehen eines Neugeborenen**

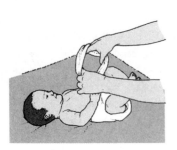

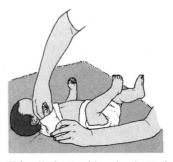

Legen Sie Ihr Baby auf einen flachen Untergrund. Wickeln Sie es, wenn nötig. Hemdchen ohne Verschluß rollen Sie auf und dehnen die Halsöffnung mit Ihren Daumen.

Ziehen Sie das Hemdchen über den Kopf Ihres Babys, wobei Sie den Hinterkopf leicht anheben. Weiten Sie die Armlöcher und führen Sie die Arme sanft hindurch.

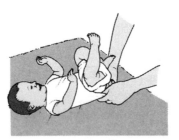

Ziehen Sie das Hemdchen nach unten. In gleicher Weise gehen Sie vor, wenn Sie ein Nachthemd anziehen.

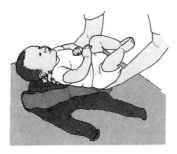

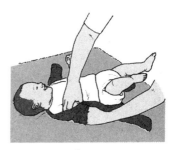

Wenn Sie einen durchgeknöpften Strampelanzug anziehen, öffnen Sie die Druckknöpfe und legen den Anzug ausgebreitet neben Ihr Baby. Nehmen Sie Ihr Baby auf, und legen Sie es darauf.

Rollen Sie einen Ärmel auf, dann streifen Sie ihn über die Faust des Babys. Führen Sie vorsichtig seinen Arm durch den Ärmel. Verfahren Sie auf der anderen Seite genauso.

Stecken Sie einen Fuß Ihres Babys in den Füßling des Anzugs, und knöpfen Sie die Druckknöpfe zu. Tun Sie das gleiche mit dem andern Bein, und schließen Sie alle Druckknöpfe.

**Ein Neugeborenes ausziehen**

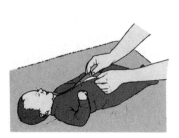

Legen Sie das Baby auf eine flache
Unterlage, und öffnen Sie die Druckknöpfe.

Ziehen Sie nur die Füße heraus, wenn Sie
die Windel wechseln müssen, lassen Sie
das Oberteil angezogen.

Wickeln Sie, wenn nötig. Sind Sie fertig,
heben Sie die Beine Ihres Babys hoch und
schieben den Anzug auf dem Rücken bis
zu den Schultern hoch.

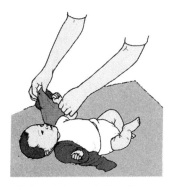

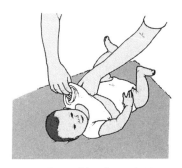

Schieben Sie die Hände des Babys vorsichtig aus den Ärmeln, und ziehen Sie dann den Anzug sanft unter ihm weg.

Trägt es ein Hemdchen, krempeln Sie es zum Hals auf. Halten Sie den Ellbogen fest, rollen Sie den Stoff auf, dann ziehen Sie es von seinem Arm.

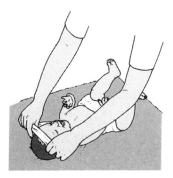

Weiten Sie die Halsöffnung, und ziehen Sie das Kleidungsstück vorsichtig über seinen Kopf. Heben Sie seinen Hinterkopf an, um es ganz auszuziehen.

**In eine Decke wickeln**

Während der ersten Lebensmonate fühlt sich ein Neugeborenes zufriedener und sicherer, wenn es fest eingepackt ist.

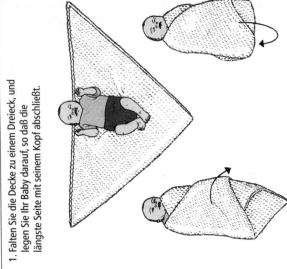

1. Falten Sie die Decke zu einem Dreieck, und legen Sie Ihr Baby darauf, so daß die längste Seite mit seinem Kopf abschließt.

2. Falten Sie ein Ende über das Baby, und stecken Sie es unter ihm fest.

3. Wiederholen Sie mit das dem anderen Zipfel.

4. Stecken Sie den unteren Teil der Decke unter den Füßen fest.

Ausziehen auf eine glatte Fläche. Eine Wickelunterlage, ein Tisch oder ein Bett sind ideal.

Kaum ein Baby, das vor nicht langer Zeit den molligen Mutterleib verlassen hat, wird gern ausgezogen. Junge Babys empfinden die Luft auf ihrem nackten Körper als unangenehm, und durch das Entfernen der angenehm warmen Kleidung fühlen sie sich sehr unsicher. Halten Sie daher die Zeit, in der Ihr Baby nackt ist, so kurz wie möglich.

Bedecken Sie bloße Körperteile mit einem weichen Handtuch, und werden Sie nicht nervös, falls das Baby schreit, sobald Sie es ausziehen. Es hilft, wenn Sie etwas haben, was die Aufmerksamkeit des Babys erregt, wie zum Beispiel ein Mobile, das über dem Wickeltisch hängt.

Haben Sie einen Jungen, gehen Sie mit Ihrem Gesicht nicht zu nah an ihn heran, wenn Sie seine Windel wechseln, denn Jungen haben die Angewohnheit zu pinkeln, sobald ihre Windeln entfernt werden. Sie spritzen Ihnen dann den Urin direkt ins Gesicht.

## Babybekleidung

Die Art der Kleidung, die Sie anfangs für Ihr Baby benötigen, hängt zum Teil davon ab, ob Ihr Baby im Sommer oder Winter geboren wird. Im Winter muß vor allem die »Ausgehkleidung« sorgfältig ausgesucht werden, da Babys eine Menge Wärme verlieren können.

Halten Sie die Kleidung einfach: Da Babys keinen Unterschied zwischen Tag und Nacht kennen, können sie rund um die Uhr Strampelanzüge tragen.

**Flexibel anziehen:** Es ist besser, ihnen mehrere dünne Schichten anzuziehen als eine dicke. Der häufigste Grund für Unbe-

## Babybekleidung

Im Krankenhaus wird Ihr Baby mit allen Bekleidungsstücken versorgt; Sie müssen nur das mitnehmen, was das Baby für den Nachhauseweg braucht. Zu Hause sollte dann natürlich die Baby-Erstausstattung bereit liegen. Da diese Ausstattung einiges kostet, lohnt es sich, im Freundes- und Bekanntenkreis nachzufragen, ob man dort etwas ausleihen oder preiswert kaufen kann. Babys müssen häufig umgezogen werden, und die unten aufgezeichnete Ausstattung sollte das Minimum sein. Ein im Winter geborenes Baby braucht ein paar dickere Anziehsachen als ein »Sommerbaby«. Kaufen Sie die Sachen groß genug, damit das Baby sie mindestens bis zu seinem zweiten Lebensmonat tragen kann. Achten Sie darauf, daß alles in der Waschmaschine waschbar ist und aus weichem, hautfreundlichem Material besteht. Suchen Sie Farben aus, die Ihnen Freude machen und Ihr Baby schmücken. Wählen Sie Kleidung, die vorne zu öffnen ist oder weite Halsausschnitte hat.

---

**Checkliste für ein Baby,
das im Sommer geboren wird**

- ☐ 4 leichte Strampelanzüge
- ☐ 4 Flügel- oder Erstlingshemdchen aus reiner Baumwolle
- ☐ 2 Nachthemden, die unten geschlossen werden
- ☐ 2 Paar Baumwollsocken oder Schühchen
- ☐ 2 Wolljacken
- ☐ 1 Tuch oder Kinderwagendecke
- ☐ 1 Mütze oder Sommerhut mit Krempe
- ☐ 2 Lätzchen
- ☐ 2 Dutzend Stoffwindeln
- ☐ 6 Gummihöschen

4 Erstlingshemdchen aus
reiner Baumwolle

4 leichte Strampelanzüge

1 Sommerhut
mit Krempe

2 Nachthemden

Gummihöschen

2 Strickjacken
oder Jacken

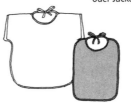

1 großes Einschlagtuch

Stoffwindeln

2 wasserabstoßende
Lätzchen

2 Paar
Baumwollsöckchen

## Checkliste für ein Baby,
## das im Winter geboren wird

- ☐ 4 Strampelanzüge
- ☐ 4 Erstlingshemdchen aus reiner Baumwolle
- ☐ 2 Nachthemden, die unten mit einem Band zusammengezogen und geschlossen werden
- ☐ 4 Wolljacken
- ☐ 1 Wollmütze
- ☐ 2 Paar wollene Socken oder Schühchen
- ☐ 2 Paar Handschuhe
- ☐ 1 wollenes Tuch, 1 Wagendecke oder 1 Schlafsack
- ☐ 2 Lätzchen
- ☐ 2 Dutzend Stoffwindeln
- ☐ 6 Paar Gummihöschen
- ☐ 1 Ausfahranzug

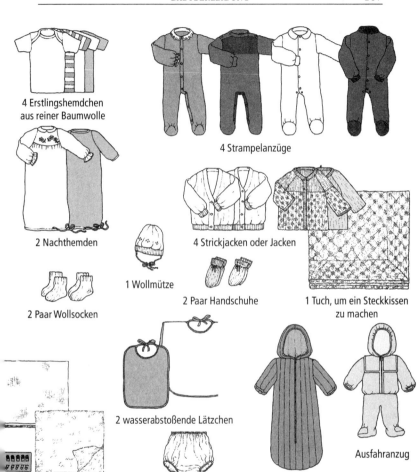

4 Erstlingshemdchen
aus reiner Baumwolle

4 Strampelanzüge

2 Nachthemden

1 Wollmütze

4 Strickjacken oder Jacken

2 Paar Wollsocken

2 Paar Handschuhe

1 Tuch, um ein Steckkissen
zu machen

2 wasserabstoßende Lätzchen

Stoffwindeln

Gummihöschen

Schlafsack oder
Kinderwagensack

Ausfahranzug

hagen und Schreien ist Überhitzung. Es ist wichtiger, die Räume, in denen sich das Baby aufhält, warm zu halten, als das Kind unter vielen Schichten dicker Anziehsachen zu ersticken. Ändert sich die Zimmertemperatur, können Sie einfach einige Schichten entfernen. Wenn es heiß wird, braucht das Baby vielleicht manchmal nichts außer einer Windel, einem Hemdchen und einem leichten Mützchen.

**Babygerecht:** Nehmen Sie Kleidung, die einen weiten Ausschnitt hat oder vorne zu schließen ist. Babys haben es nicht gern, wenn man Ihnen Sachen über den Kopf zieht und Ihr Gesicht bedeckt. Vermeiden Sie Spitzen und zarte Stoffe, da sie sich leicht an den Fingern und Zehen des Babys verfangen. Seien Sie sicher, daß das Material waschmaschinenfest und farbecht ist. Es sollte weich und bequem sein, mit so wenig Säumen und Nähten wie möglich.

## Baden

Ihr Neugeborenes muß nicht unbedingt gleich von Anfang an gebadet werden, da es abgesehen von seinem Po, Gesicht, Hals und den Hautfalten nicht richtig schmutzig wird. Vielleicht wird es sogar gar nicht gern gebadet, oder Sie fühlen sich noch zu unsicher, Ihr Baby in die Badewanne zu setzen.

**»Schoßbad«:** Säubern Sie Ihr Baby erst einmal mit einem feuchten Schwamm. Halten Sie es dafür im Schoß, legen Sie ein weiches, warmes Badetuch unter, und ziehen Sie nur ein Minimum an Kleidung auf einmal aus. Bedecken Sie mit den Zipfeln des untergelegten Badetuches oder mit einem zweiten weichem Handtuch seine nackte Haut. Reinigen Sie sein Gesicht mit warmem Wasser, gehen Sie dann zu seinen Händen über

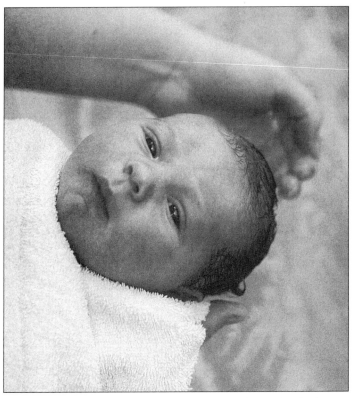

*Um dem Baby Köpfchen und Haare zu waschen, muß es nicht gebadet werden. Wickeln Sie das Baby in ein weiches Tuch ein. Halten Sie es so, daß Ihr Unterarm den Rücken und Ihre gespreizten Finger den Kopf stützen. Spülen Sie sein Haar gut aus, und trocknen Sie es mit einem Handtuch ab.*

und schließlich zu seinem Po. Stuhl entfernen Sie weitgehend mit der Windel, die Reste dann mit Watte und wobei Sie in den Hautfalten besonders sorgfältig vorgehen müssen.

**Katzenwäsche**

Neugeborene müssen nicht sehr häufig gewaschen werden, da außer Po, Gesicht, Hals und Hautfalten selten etwas schmutzig wird. Da Sie Ihr Baby nur alle zwei bis drei Tage baden müssen, sollten Sie sonst nur die Körperteile waschen, die es wirklich nötig haben.

---

**Checkliste**

- [ ] Warmes, abgekochtes Wasser
- [ ] Babylotion oder -öl oder Reinigungstücher
- [ ] Watte
- [ ] Handtuch
- [ ] Waschlappen
- [ ] saubere Windel
- [ ] Windeleinlage
- [ ] Gummihöschen, falls nötig
- [ ] saubere Bekleidung

---

Legen Sie Ihr Baby auf eine feste Unterlage. Nehmen Sie einen feuchten Wattebausch für jedes Auge, und wischen Sie vom Nasenrücken nach außen.

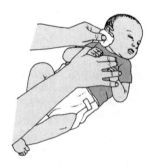

Wischen Sie mit Watte außen und hinten am Ohr lang. Bohren Sie nicht im Ohr. Versuchen Sie nicht, das Ohr innen zu säubern.

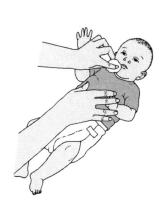

Wischen Sie den Mundbereich Ihres Babys mit feuchter Watte ab, um Milch oder Erbrochenes zu entfernen.

Benutzen Sie einen frischen Wattebausch, um die Hände des Babys zu reinigen, und trocknen Sie seine Hände mit einem Handtuch ab.

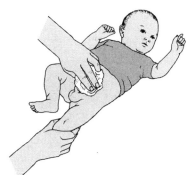

Entfernen Sie seine alte Windel. Ist das Baby nur naß, wischen Sie den Po mit einem Waschlappen oder feuchter Watte ab.

Ist die Windel voll, entfernen Sie mit ihr so viel Stuhl, wie Sie können, dann benutzen Sie Babylotion und Watte oder Reinigungstücher, um den Po zu reinigen.

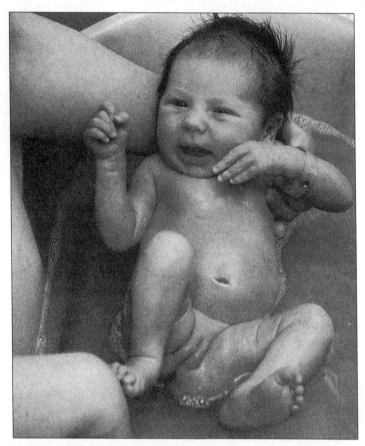

*Heben Sie Ihr Baby vorsichtig in das Wasser, und stützen Sie dabei seinen Nacken und Rücken. Halten Sie Ihr Baby gut fest, wenn es im Wasser ist, und drehen Sie es so, daß es Sie anschaut. Halten Sie immer seinen Kopf und die Schultern aus dem Wasser.*

*Das Baden kann eine Möglichkeit für Sie sein, ein Gefühl besonderer Nähe zu Ihrem Baby herzustellen. Reden und lachen Sie mit Ihrem Baby, während Sie es waschen, und machen Sie das Baden so zu einem angenehmen Zeitvertreib.*

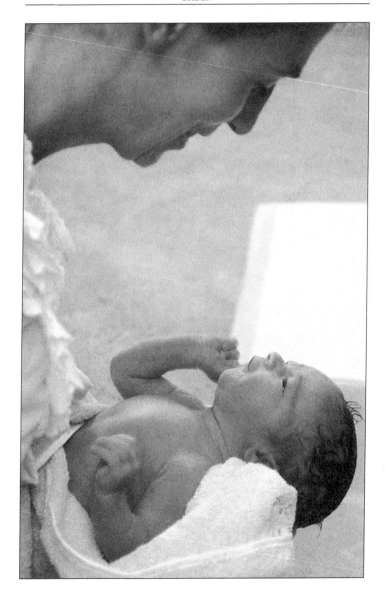

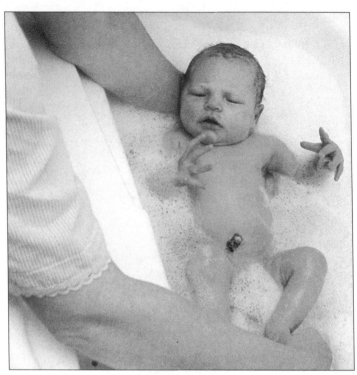

*Stellen Sie beim Baden soviel Körperkontakt wie möglich her und waschen Sie das Baby vorsichtig, aber gründlich. Mit der Zeit finden fast alle Babys das Baden sehr angenehm und planschen voller Freude im Wasser.*

**Vollbad vorbereiten:** Sobald Sie sich im Umgang mit Ihrem Baby sicher fühlen und Sie meinen, Ihr Baby hätte Spaß an einem Bad, sollten Sie es mit einem Vollbad versuchen. Füllen Sie die Babybadewanne etwa zehn bis zwölf Zentimeter hoch mit warmem Wasser. Testen Sie die Temperatur mit Ihrem Ellbogen, der Innenseite Ihres Handgelenks oder einem fürs Babybad geeigneten digitalen Badethermometer. Legen Sie ein Gästehandtuch auf den Wannenboden, um zu verhindern, daß

das Kind in der Badewanne rutscht, wenn es zappelt. Ziehen
Sie Ihr Baby bis auf das Hemdchen aus. Reinigen Sie seine Po-
gegend, dann ziehen Sie das Hemdchen aus.

**In die Wanne legen:** Wenn Sie das Baby vorsichtig in die Wanne
legen, schauen Sie es dabei an, und versuchen Sie den Augenkontakt fortzusetzen. Halten Sie es in einer halb aufrechten
Lage, so daß die untere Körperhälfte eingetaucht ist und Kopf
und Schultern aus dem Wasser ragen. Wahrscheinlich stellen
Sie fest, daß Ihr Baby sich im Wasser ziemlich schlüpfrig an-
fühlt.

**Baden:** Benutzen Sie Ihre freie Hand zum Waschen. Reden Sie
die ganze Zeit liebevoll und beruhigend mit Ihrem Baby. Säubern Sie seine Augen, Ohren und Nase. Waschen Sie vorsichtig
sein Köpfchen, ohne daß dem Baby das Wasser übers Gesicht
läuft. Spülen Sie den Kopf gut ab, und reiben Sie ihn trocken.

**Herausnehmen:** Wenn Ihr Baby sauber und gut abgespült ist,
legen Sie Ihre freie Hand unter seinen Po und heben Sie es vorsichtig auf ein Handtuch. Trocknen Sie es sorgfältig ab, vor
allem in den Hautfalten. Achten Sie darauf, daß Ihr Baby während und nach dem Bad keinerlei Zugluft ausgesetzt ist.

## Milchschorf

Milchschorf ist eine Form von Schuppenbildung auf dem Kopf
von Babys. Er besteht aus einer Anhäufung von Schuppen, die
in der Regel von der Kopfhaut durch tägliche Beanspruchung
abgestoßen werden. Bei Babys werden sie jedoch nicht von der
Kopfhaut abgestoßen, weil die Geschwindigkeit, mit der diese
Keratinschuppen von der Haut des Neugeborenen gebildet

werden, größer ist als bei Erwachsenen, und daher schichten sie sich aufeinander.

Neben den Schuppen aus toter Haut bildet sich Fett, das die Schuppen härtet. Dadurch wird es schwierig, sie abzureiben. Bleiben sie einige Zeit lang auf dem Kopf, so trocknen sie aus, werden hart und verkrusten. Sie sollten sie niemals mit Ihren Fingernägeln entfernen, weil die Haut sich dadurch entzünden könnte.

Obwohl eine Anzahl Mittel auf dem Markt sind, wird es fast immer ausreichen, die Schuppen mit einem in Öl getränkten Wattebausch am Morgen ganz sanft zu massieren und das Öl am Abend bei der Haarwäsche auszuwaschen. Es kann nötig sein, diese morgendliche und abendliche Behandlung langsam und geduldig zu wiederholen, um alle Schuppen zu entfernen. Handelt es sich um einen schweren Fall oder läßt sich die Schuppenbildung nicht stoppen, sollten Sie mit Ihrem Arzt reden.

## Bindehautentzündung

Manchmal haben Babys einen gelben Ausfluß aus der inneren Augenecke. Bekannt als »verklebtes Auge«, ist dies nicht immer ein Anzeichen einer Infektion, sondern häufig die Reaktion auf das Fruchtwasser, das von Ihrem Geburtskanal in das Auge des Babys überging. Da Neugeborene nicht sofort Tränen produzieren können, werden ihre Augen nicht andauernd mit dieser natürlichen antiseptischen Flüssigkeit gespült. In den ersten 48 Stunden kommen verklebte Augen deshalb häufig vor.

**Sanft säubern:** Reinigen Sie die Augen Ihres Babys mit einem feuchten, nicht fusselnden Wattepad. Gehen Sie mit dem Pad von der Innenseite her nach außen sanft über das entzündete Auge, dann werfen Sie es weg.

Für das zweite Auge benutzen Sie auf jeden Fall ein frisches Wattepad, damit eine eventuell vorhandene Infektion nicht von einem Auge zum anderen übertragen wird. Wenn Sie diese Behandlung durchführen, sollte das Auge in zwei Tagen in Ordnung sein. Falls nicht, sprechen Sie unbedingt mit Ihrem Kinderarzt.

**Wichtig:** Legen Sie das Baby so ins Bett, daß das gesunde Auge sich auf der Matratzenseite befindet. Berührt nämlich das entzündete Auge das Laken, könnte so das gesunde Auge angesteckt werden, wenn Sie später das Kind umdrehen. Sobald Sie das Kind wenden, legen Sie ein kleines Tuch unter den Kopf, das Sie wegnehmen, wenn die »gesunde Seite« wieder zur Matratze weist.

**Zum Arzt:** Bindehautentzündung kann auch durch eine bakterielle Infektion entstehen, dann ist der Ausfluß sehr stark, und die Augen sind rot und geschwollen. In diesem Fall muß die Entzündung unbedingt vom Kinderarzt behandelt werden.

# Nabelschnur

Gleich nach der Geburt wird die Nabelschnur mit zwei Klammern abgeklemmt und mit einer sterilen Schere durchschnitten, wobei ein fünf bis acht Zentimeter langes Stück am Bauch Ihres Babys stehenbleibt. Der Nabelschnurrest wird dann wenige Zentimeter vom Körper mit einer Kunststoffklammer abgeklemmt. In den nächsten Tagen trocknet dieser Rest ein, verschrumpelt und fällt dann etwa nach einer Woche ab.

**Nabelpflege:** Um zu verhindern, daß sich auf dem noch feuchten Nabelschnurrest Keime ansammeln und eine Infektion ver-

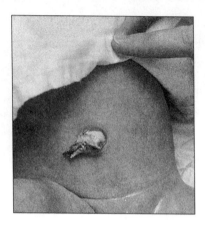

*Der Nabelschnurrest bedarf keiner besonderen Pflege, der Nabel muß nur trocken und sauber gehalten werden, um eine Infektion zu verhindern. Lassen Sie an diese Stelle so viel Luft wie möglich kommen.*

ursachen, muß der Bereich trocken und sauber gehalten werden. Der Nabel sollte genauso behandelt werden, nachdem die Schnur verschrumpelt und abgefallen ist, weil es dann immer noch ein leichtes Risiko für Entzündungen gibt. Für die Nabelpflege gibt es unterschiedliche Methoden, die Ihnen die Hebamme oder die Kinderschwester im Krankenhaus gern erklärt.

**Nabelbruch:** Einige Babys entwickeln Nabelbrüche (kleine Ausstülpungen des Nabels), aber diese verschwinden innerhalb von ein oder zwei Jahren fast immer von allein.

## Fingernägel

Bei der Geburt reichen die Nägel eines ausgewachsenen Säuglings bis zur Fingerspitze. Sie sind sehr weich und können leicht beschädigt werden, wenn das Kind etwas Festes ergreift. Innerhalb von zwei bis drei Tagen werden sie ziemlich hart, so daß sich Ihr Kind das Gesicht damit zerkratzen kann. Falls Sie Kratzer in seinem Gesicht vorfinden, können Sie die Nagelecken ganz vorsichtig rund schneiden oder ihm erst einmal locker sitzende Handschuhe anziehen.

Ihr Baby kann durch Fingerlutschen eine Nagelbettentzündung bekommen, aber auch dies kann verhindert werden, indem Sie ihm einige Tage lang Baumwollhandschuhe anziehen.

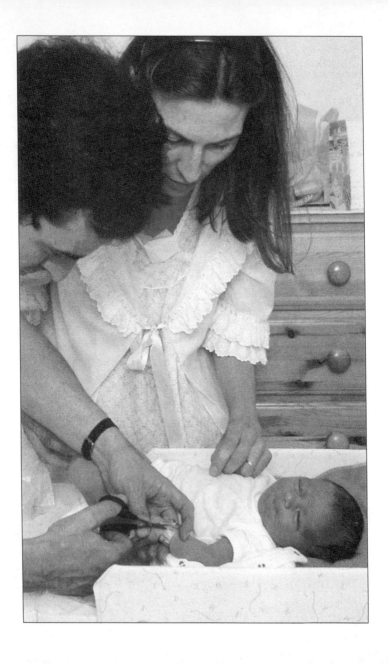

# 7.

## Eltern werden

Eine richtige Vorstellung davon, was es bedeutet, Eltern zu sein mit allem, was dazugehört, bekommen Sie wahrscheinlich erst, wenn Sie zu Hause sind und Ihr Baby ohne Hilfe von Hebamme oder Krankenhauspersonal betreuen. Viele Paare, die ihrem ersten Kind entgegensahen, haben schon während der Schwangerschaft über ihr zukünftiges Elterndasein und die Verantwortung, die damit verbunden sein wird, gesprochen. Und doch überkommt die frischgebackenen Eltern nicht selten ein regelrechter Schock, wenn ihnen nach der Geburt klar wird: »Jetzt müssen wir die volle Verantwortung allein übernehmen.« Keine Frage, Sie lieben Ihr Baby und möchten es gut versorgen, schützen – einfach alles tun, damit es sich wohl und glücklich fühlt und sich gut entwickelt. Und doch spüren Sie vielleicht ein Gefühl der Beunruhigung, der Unzulänglichkeit, ja sogar der Unfähigkeit. Und wenn Sie ehrlich sind, möchten Sie jetzt am liebsten selbst ein bißchen bemuttert werden. Alle diese Empfindungen sind normal – bei beiden Elternteilen. Wir werden nicht mit den Fähigkeiten geboren, Eltern zu sein. Wir müssen sie Schritt um Schritt erlernen.

Das Wichtigste ist zu entspannen und Ihren Instinkten zu folgen. Lassen Sie sich nicht von dem Gedanken auffressen, alles richtig machen zu wollen, so daß Sie sich verkrampfen und ängstlich werden. Lassen Sie sich durch Ihre Gefühle der Liebe leiten, und Sie werden feststellen, daß Ihre Gefühle richtig sind. Zögern Sie nicht, um Hilfe zu bitten, wenn Sie mei-

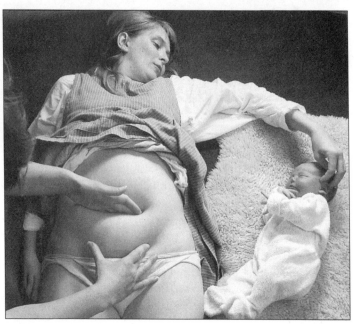

*Nach einer Hausgeburt oder einer ambulanten Geburt kommt etwa*
*zehn Tage lang eine Hebamme zu Ihnen nach Hause. Sie ist sowohl für Ihre*
*Gesundheit als auch für die des Babys zuständig und kann Fragen zum*
*Füttern und zur Pflege des Babys beantworten. Sie führt Buch über das*
*Wachstum und die Entwicklung des Babys.*

nen, daß Sie welche brauchen. Es wird Sie überraschen, wieviel
Zeit und Energie Ihr neues Baby kostet.

## Das Kinderzimmer und seine Ausstattung

Es ist nicht notwendig, daß Ihr Baby gleich von Anfang an ein
eigenes Zimmer hat. Viele Eltern haben das Baby lieber in
ihrem eigenen Schlafzimmer, um das Füttern einfacher zu ge-

stalten, mit weniger Unterbrechungen während der Nacht. Falls Sie jedoch schon ein Kinderzimmer haben, richten Sie es auf jeden Fall ein, bevor Sie ins Krankenhaus kommen. Im Zimmer sollte sich alles befinden, was Sie zur täglichen Routine wie Wickeln, Füttern, Spielen und Ankleiden brauchen. Es sollte hell sein und freundlich aussehen.

Babys sehen sich sehr gern Dinge an, die sich bewegen. Hängen Sie deshalb ein Mobile über dem Bettchen des Babys auf.

Setzen Sie einen Dimmer in den Lichtschalter ein, er macht es für Sie während des nächtlichen Fütterns und Wickelns einfacher und verhindert, daß zu helles Licht in die Augen des Babys kommt. Er hilft dem Baby auch, schneller einzuschlafen.

**Stauraum und Regalplatz:** Davon brauchen Sie reichlich. Ermutigen Sie Ihren Partner zum Selberbauen. Offene Regale sind anfangs besser als Schränke und Schubladen, da Sie alles auf einen Blick sehen können. Achten Sie darauf, daß die Regale leicht zu säubern sind. Plazieren Sie die Sachen, die Sie täglich brauchen, in Reichweite. Planen Sie die Möblierung mit Blick in die Zukunft, denn später wenn das Baby mobiler wird, müssen Sie den Stauraum mit Türen verschließen.

**Babybett:** Zum Schlafen für das Baby haben Sie die Wahl zwischen Wiege, Körbchen oder Gitterbett. Wiege oder Körbchen sind nicht unbedingt notwendig, Sie können das Baby gleich in ein Bettchen legen. Sorgen Sie dafür, daß Ihr Baby auf einer speziellen Babymatratze liegt, die fest und mit einem wasserabstoßenden Material bezogen ist. Im ersten Jahr braucht Ihr Kind kein Kopfkissen, da Babys leicht darin ersticken können. Kaufen Sie Bettlaken aus Frottee oder Flanell, sie fühlen sich angenehm warm an. Im Sommer leisten leichtere Laken, zum Beispiel aus Jersey, bessere Dienste. Vier bis sechs Laken sind zu empfehlen. Sie brauchen auch eine Decke oder ein Babyoberbett. Im ersten halben Jahr genügt ein etwa 80 x 80 cm großes Babyoberbett. Bettdeckenhalter müssen dafür sorgen, daß sich das Baby die Decke nicht über den Kopf zieht (Erstickungsgefahr!) oder sich bloßstrampelt. Sehr praktisch und sicher sind Schlafsäcke.

**Reinigungsutensilien:** Eine Babybadewanne ist nicht unbedingt erforderlich, da man ein Baby auch im Waschbecken oder sogar in der sauberen Küchenspüle baden kann. Falls Sie sich doch für eine entscheiden, sollte sie aus festem Kunststoff sein. Besorgen Sie zwei neue, weiche Badehandtücher speziell für das Baby sowie einen Naturschwamm oder weiche Waschlappen.

Außerdem brauchen Sie eine Wickelunterlage aus abwaschbarem Material. Für die Utensilien zum Wickeln – wie Watte, Babyseife, Creme, Reinigungstücher und Puder – sollten Sie einen Behälter besorgen, der es einfacher macht, all diese Dinge beisammen zu halten und – wenn nötig – problemlos umherzutragen.

**»Transportmittel«:** Bei Kinderwagen gibt es so viele Möglichkeiten, daß eigentlich fast jeder Wunsch erfüllt werden kann. Da Kinderwagen teuer sind, sollten Sie sich überlegen, ob Sie einen ausleihen oder einen gebrauchten kaufen, wenn er in gutem Zustand ist. In den ersten sechs Monaten etwa ist ein Tragetuch oder Tragesack nützlich, da das Baby dicht bei Ihnen oder Ihrem Partner ist. Falls Sie ein Auto haben, brauchen Sie einen Babyautositz, der durch einen Sicherheitsgurt befestigt wird. Alle »Babytransportmittel« müssen festgelegte Sicherheitsbestimmungen erfüllen. Den aktuellen Stand erfahren Sie zum Beispiel in Testzeitschriften, die in Sonderheften das ganze Produktspektrum der Babyausstattung kritisch durchleuchten.

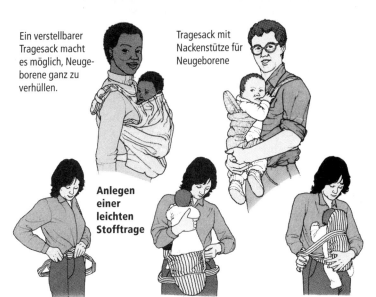

Ein verstellbarer Tragesack macht es möglich, Neugeborene ganz zu verhüllen.

Tragesack mit Nackenstütze für Neugeborene

### Anlegen einer leichten Stofftrage

Schließen Sie den Haltegurt vorne über Ihrer Taille, und drehen Sie den Verschluß nach hinten.

Nehmen Sie Ihr Baby auf. Halten Sie es gut fest, und schieben Sie seine Beine mit der freien Hand in die Beinlöcher.

Ziehen Sie eine Seite des Gurtes über Ihr Baby und über Ihre Schulter hoch. Machen Sie dasselbe mit der anderen Seite, wobei Sie das Kind die ganze Zeit gut festhalten.

### Anlegen eines Tragesacks

Ziehen Sie den Tragesack nach Vorschrift an. Öffnen Sie die Reißverschlüsse, und setzen Ihr Baby bequem in die innere Tasche. Schließen Sie den inneren Sack

Während Sie mit einer Hand immer noch das Baby stützen, ziehen Sie mit der anderen die äußere Hülle über das Baby und schließen den äußeren Reißverschluß.

### Vorwärts beugen

Halten Sie immer den Kopf des Säuglings fest, wenn Sie sich nach vorne oder zur Seite bücken.

## Dem Baby zum Schlaf verhelfen

Ihr Baby kann überall schlafen, solange es ihm warm und bequem genug ist. Wärme ist wichtig, weil Babys ihre Körpertemperatur noch nicht regulieren können, und sie sehr schnell Wärme verlieren. In den ersten Wochen ist es ratsam, das Baby nicht auf den Rücken zu legen. Im Fall, daß es erbricht, könnte etwas davon in seine Lunge kommen. Legen Sie das Baby abwechselnd auf die rechte und linke Körperseite.

**Tag und Nacht:** Obwohl Ihr Baby seinem eigenen Schlafmuster folgt, ist es wichtig, daß es zwischen Tag und Nacht unterscheiden lernt. Es gibt mehrere Möglichkeiten, ihm dabei zu helfen. Achten Sie darauf, daß der Raum dunkel ist, wenn Sie das Baby abends hinlegen, und geben Sie sich besondere Mühe, es ihm bequem zu machen und es zufriedenzustellen. Beginnen Sie so früh wie möglich mit einer beruhigenden »Abendzeremonie«. Wacht es in der Nacht auf, füttern Sie es nur, aber spielen Sie nicht mit ihm oder lenken es durch irgend etwas ab.

**Der Tip für Sie:** Sie werden müde sein und viel Schlaf brauchen. Versuchen Sie, dann zu ruhen, während das Baby schläft, denn wenn es wach ist, muß es mit großer Sicherheit gefüttert und gewickelt werden. Selbst wenn Sie nicht schlafen können, legen Sie sich hin. Das hilft Ihnen, sich zu entspannen. Bitten Sie an-

*Zunächst ist es vielleicht einfacher, auf einen festen Zeitplan zu verzichten und nach Bedarf zu füttern. Ihr Baby wird wissen, wann es hungrig ist. Neugeborene trinken alle zwei bis vier Stunden. Achten Sie während des Stillens auf eine gesunde und ausgewogene Ernährung, die bekommt Ihnen und Ihrem Baby.*

dere Familienmitglieder, mitzuhelfen, damit Sie nicht zu er-
schöpft sind, um mit allem fertig zu werden. Falls Sie versu-
chen, den Lebensstil, den Sie vorher hatten, ohne zusätzliche
Hilfe aufrechtzuerhalten, wird dies wahrscheinlich noch mehr
Druck auf Sie ausüben, und Sie werden das Gefühl bekommen,
daß Sie nicht in der Lage sind, irgend etwas richtig zu machen.
Ohne Hilfe müssen Sie einfach bestimmte Dinge liegenlassen.
Wahrscheinlich ist Ihre Wohnung nicht mehr so aufgeräumt
und sauber, wie sie es einmal war, aber wichtig ist, daß Sie die
Zeit, die Sie haben, für Ihr Baby und sich selbst nutzen.

## Brustpflege

Wenn Sie stillen, ist es wichtig, die Brüste gut zu pflegen, um
Entzündungen und Risse zu vermeiden. Kaufen Sie gute Stillbüstenhalter, die perfekt sitzen, und tragen Sie den Büstenhalter
regelmäßig, um die Brust zu stützen. Büstenhalter, die sich vorne
öffnen lassen, sind praktisch, da man schnell an die Brust her-
ankommt. Achten Sie darauf, daß sie guten Halt unter der
Brust bieten, ohne daß sie in den Schultern einschneiden.

Gehen Sie sorgfältig mit Ihrer Brust um. Trocknen Sie Ihre
Brüste sowohl nach dem Füttern als auch nach dem Waschen
sorgfältig ab. Lassen Sie die Brustwarzen an der Luft trocknen,
wann immer es möglich ist. Sie können dabei trotzdem einen
Büstenhalter tragen und nur die Vorderseiten offen lassen.
Vielleicht stellen Sie fest, daß im Lauf des Tages Milch austritt.
Legen Sie dann Stilleinlagen oder saubere Taschentücher in den
Büstenhalter, um die auslaufende Milch aufzusaugen. Wechseln
Sie die Einlagen häufig.

## Pralle Brüste

Am dritten oder vierten Tag nach der Entbindung, wenn die Milch einschießt, werden die Brüste in der Regel schwer und fest. Später können sie auch übervoll mit Milch sein. Folgendes kann Ihnen helfen, das Stillen einfacher zu machen, falls die Brüste zu prall sind:

- Baden Sie die Brüste vor dem Stillen in warmem Wasser.
- Sie können etwas Milch ausdrücken, um die Brust zu erleichtern.
- Tragen Sie einen stützenden Stillbüstenhalter.

## Entzündete Brustwarzen

In den ersten Wochen können sich Ihre Brustwarzen entzünden, wenn Ihr Baby stark und heftig saugt, wenn Sie es unvorsichtig von der Brust nehmen und wenn sich die Brustwarze beim Saugen nicht weit genug in seinem Mund befindet. Versuchen Sie, weiter zu stillen, aber ändern Sie Ihre Stellung häufiger. Lassen Sie warme Luft oder Sonnenlicht an Ihre Brustwarzen, indem Sie den Stillbüstenhalter vorne offen lassen. Benutzen Sie weder Seife noch Watte, um Ihre Brustwarzen zu reinigen, und lassen Sie die Warzen zwischen den Mahlzeiten an der Luft trocknen.

## Eingerissene Brustwarzen

Man bekommt aus verschiedenen Gründen eingerissene Brustwarzen, von denen die meisten jedoch vermeidbar sind. Die Risse entstehen häufig an der Stelle, wo die Brustwarze in den Warzenhof übergeht. Behandelt man sie sofort, heilen sie sehr schnell. Ist die Brustwarze wirklich eingerissen, halten Sie Ihr

Baby bis zu zweiundsiebzig Stunden von der Brust fern. Wahrscheinlich müssen Sie mit der Hand oder mit der Milchpumpe Milch ausdrücken, um die Milchproduktion aufrechtzuerhalten.

### *Verstopfte Milchdrüsen*

Falls Sie verstopfte Milchdrüsen haben, fühlt sich Ihre Brust dort, wo der Stau ist, knotig und hart an. Versuchen Sie, einige Mahlzeiten nur mit der gestauten Brust zu stillen, bis sich die Knoten gelöst haben. Streichen Sie vorsichtig mit Ihren Fingerspitzen über die knotige Gegend, wenn Ihr Baby saugt, und erleichtern Sie so den Milchfluß zur Warze hin. Hört die Stauung nicht auf und wird die Haut an der Brust rot, glänzend, heiß und entzündet sich, suchen Sie unbedingt Ihren Arzt auf.

## Gymnastik im Wochenbett

Nach der Geburt werden Sie sich langsam besser fühlen, sobald Sie zu Ihrer täglichen Routine gefunden haben und aktiver geworden sind. Nach der Entbindung sollten Sie gymnastische Übungen machen, um den Kreislauf anzuregen und vor allem Rücken-, Bauch- und Beckenbodenmuskulatur zu trainieren. Falls Sie einen Schwangerschaftsgymnastikkurs besucht haben, kennen Sie wahrscheinlich die Übungen. Auf jeden Fall lohnt es sich, für die Wochenbettgymnastik fachliche Anleitung in Anspruch zu nehmen (Informationen zu entsprechenden Kursen gibt Ihnen die Hebamme oder Ihr Arzt).

Die Bauchmuskeln kehren schnell in ihren ursprünglichen Zustand zurück – unter der Voraussetzung, daß Sie nicht zuviel zugenommen haben und Sie die richtigen Übungen ausführen. Beckenbodengymnastik ist ebenfalls sehr wichtig. Falls

Sie genäht wurden, kann es Ihnen zu weh tun, um sofort mit den Übungen anzufangen. Lindern Sie die Schmerzen mit einer antiseptischen Creme, die auf die Wunde aufgetragen wird und die Haut weicher macht, dann können Sie bald vorsichtig mit der Gymnastik anfangen.

**Übungstips:** Die Beckenbodenübungen sollten Sie jedesmal beim Wasserlassen machen, mindestens aber einmal am Tag, sobald Sie dazu nach der Entbindung in der Lage sind, um die Gebärmutter sowie die anderen Organe im Becken und deren Bänder zu straffen. Eine gute Übung ist die folgende:

- Stellen Sie sich vor, daß der Beckenboden ein Lift ist, der an verschiedenen Stationen hält.
- Versuchen Sie, die Muskeln langsam in fünf verschiedenen Stufen, mit einem kurzen Halt bei jeder einzelnen Stufe, zusammenzuziehen, ohne dazwischen loszulassen.
- Dann lassen Sie den Beckenboden sich senken, indem Sie in der Anspannung Stufe für Stufe nachlassen.
- Wenn Sie den Ausgangspunkt erreicht haben, entspannen Sie die Muskeln vollständig.

**Übungsdauer:** Es ist besser, ein paarmal am Tag fünf Minuten Gymnastik zu machen, als nur einmal längere Zeit. Machen Sie die Übungen langsam, und ruhen Sie sich dazwischen kurz aus. Machen Sie nicht zuviel. Hören Sie auf, sobald Sie müde sind.

# Infektionen im Wochenbett

Es gibt eine Vielzahl von Infektionen, die Sie nach der Entbindung bekommen können. Fieber am dritten oder vierten Tag nach der Entbindung könnte ein Zeichen einer nachgeburtlichen Infektion sein, oder es könnte durch einen Virus oder ein anderes (geringfügiges) Problem verursacht worden sein. Leicht erhöhte Temperatur von ungefähr 37 °C kann manchmal angeschwollene Brüste beim Einschießen der Milch begleiten oder sogar das Ergebnis der Aufregung sein, die durch ein Neugeborenes verursacht wird.

**Nachgeburtliche Infektion:** Hierbei sind die Symptome, abhängig von der betroffenen Stelle, unterschiedlich. Leichtes Fieber, unbestimmte Schmerzen im Unterbauch und vielleicht übelriechender Ausfluß kennzeichnen Endometritis, eine Infektion des Endometriums (der Gebärmutterschleimhaut). Das Endometrium ist durch das Loslösen der Plazenta anfällig für Entzündungen.

Bei Infektionen des Gebärmutterhalses, der Gebärmutter oder des Dammes kommt es an dieser Stelle zu Schmerzen oder besonderer Empfindlichkeit sowie zu übelriechendem Ausfluß. Hinzu kommt oft die Schwierigkeit, Wasser zu lassen, und manchmal hohes Fieber.

**Infektionen am Damm:** Sie können vorkommen, wenn bei der Geburt ein Riß entstanden ist oder ein Schnitt gemacht wurde. Sie beginnen meist in der Nähe des Schnittes oder Risses. Infektionen an der Naht sind nicht von langer Dauer. Aber es kann noch einige Tage oder Wochen danach zu einem leichten Ausfluß kommen.

**Brustinfektionen:** Sie sind während der Schwangerschaft sehr selten, treten nach der Entbindung und während des Stillens aber häufiger auf. Man darf sie nicht mit prallen Brüsten verwechseln. Die Brüste schwellen in der Regel am dritten oder vierten Tag nach der Entbindung an, was auch mit einem leichten Temperaturanstieg verbunden sein kann, wobei aber keine Entzündung vorliegt. Brustentzündungen kommen gehäuft an bestimmten Stellen der Brust vor. Voran geht meist ein Riß in der Brustwarze. Das erste Anzeichen einer Infektion ist häufig ein starker Temperaturanstieg, verbunden mit einem erhöhten Puls. Das kann von einer leichten bis starken Rötung der Haut an der entsprechenden Stelle der Brust begleitet sein, die dort empfindlich auf Berührung reagiert und stark geschwollen ist.

## Ruhe und Entspannung

Für Sie ist das Ausruhen ebenso wichtig wie die Gymnastik. Sie müssen sich von den Anstrengungen der Wehen und der Geburt ausruhen und sich ausreichend frisch fühlen, um all Ihre neue Verantwortung übernehmen zu können.

Versuchen Sie zu schlafen, sobald Ihr Baby schläft, und setzen Sie sich mit hochgelegten Beinen hin, während Sie es halten und füttern. Selbst wenn Sie sich nicht müde fühlen, ruhen Sie sich wenigstens zweimal am Tag aus. Nehmen Sie sich in Ihrem Tagesablauf Zeit zum Ausruhen, genauso wie zum Waschen und Kochen.

# Register

# KINDER UND ELTERN

16144

16159

16136

**Mosaik** bei GOLDMANN

# NATÜRLICHE HEILMETHODEN

16104

16105

16158

16155

Mosaik bei GOLDMANN

# SCHÖNHEIT/
# GESUNDHEIT/ERNÄHRUNG

16131

RAINER WALLBAUM

**Heilfasten mit Leib und Seele**

16119

16114

13533

Mosaik bei GOLDMANN

# KRAFTQUELLEN ENTDECKEN

16101

16119

10888

16115

**Mosaik** bei GOLDMANN

# JOHN GRAY

16107

»Männer sind vom Mars. Frauen von der Venus.« – der erfahrene Paartherapeut liefert eine brillante Zustandsbeschreibung des Beziehungsdschungels und gesteht Männern und Frauen ihre Andersartigkeit zu. Anschauliche Fallbeispiele und erprobte Lösungsmodelle zeigen, wie sich aggressiver Geschlechterkampf zu einer kreativen Partnerschaft wandeln kann.

Der Kontakt zum anderen Geschlecht ist gespickt mit Mißverständnissen, Fehlwahrnehmungen und falschen Schlußfolgerungen. Was machen Männer und Frauen jeweils anders, und wie können sie aufeinander zugehen? Bestsellerautor John Gray ermutigt zu neuen Formen einer offenen und verständnisvollen Kommunikation, die die Verschiedenheiten der männlichen und weiblichen Perspektive berücksichtigen.

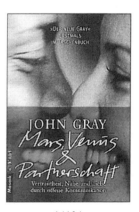

16134

Mosaik bei GOLDMANN

# GOLDMANN

*Das Gesamtverzeichnis aller lieferbaren Titel erhalten Sie
im Buchhandel oder direkt beim Verlag*

★

Taschenbuch-Bestseller zu Taschenbuchpreisen
– Monat für Monat interessante und fesselnde Titel –

★

Literatur deutschsprachiger und internationaler Autoren

★

Unterhaltung, Kriminalromane, Thriller
und Historische Romane

★

Aktuelle Sachbücher, Ratgeber, Handbücher und
Nachschlagewerke

★

Bücher zu Politik, Gesellschaft, Naturwissenschaft und Umwelt

★

Das Neueste aus den Bereichen
Esoterik, Persönliches Wachstum und Ganzheitliches Heilen

★

Klassiker mit Anmerkungen, Anthologien und Lesebücher

★

Kalender und Popbiographien

★

**Die ganze Welt des Taschenbuchs**

★

Goldmann Verlag • Neumarkter Str. 18 • 81673 München

Bitte senden Sie mir das neue kostenlose Gesamtverzeichnis

Name: _____

Straße: _____

PLZ / Ort: _____